Das kleine
Hamster-Lexikon

Katja Hindrichs

NTV

Dieses Buch ist meinem Hund Merlin,
meinen Hamstern und allen Tieren gewidmet,
in Liebe und Dankbarkeit

Bildnachweis
Titelbild: O. Diez/WILDLIFE
S. 1: iStock/Thinkstock/Eric Isselée
Backcover: iStock/Thinkstock/seleznyov_ae, Thinkstock/iStock/Sergey anatolievich Pristy-
azhnyuk, Thinkstock/iStock/Elena Blokhina, K. Hindrichs
Alle Hinweise zu Produkten laut Herstellerangaben.

ISBN: 978-3-86659-217-9

© 2015 Natur und Tier - Verlag GmbH
An der Kleimannbrücke 39/41
48157 Münster
www.ms-verlag.de
Geschäftsführung: Matthias Schmidt
Lektorat: Kriton Kunz
Layout: Ludger Hogeback
Druck: Pario Print, Krakau

Vorwort

Liebe Hamsterfreunde,
seit 35 Jahren erfreue ich mich an der Pflege von Gold- und Zwerg-hamstern. Es ist faszinierend, an ihrem Leben teilhaben zu dürfen. Obwohl es inzwischen zahlreiche Bücher zum Thema zu kaufen gibt, fehlte mir immer ein kompaktes Nachschlagewerk, in dem alles Wissenswerte nach Stichworten geordnet ist. Diese Lücke möchte ich mit dem vorliegenden Lexikon schließen.
Ich wünsche Ihnen viel Freude mit Ihrem Hamster und viel Spaß beim Lesen!

Katja Hindrichs, 2015

Foto: Thinkstock/ iStock/ seleznyov_ae

Hinweis
Naturheilkunde kann nur begleitend sein und in keinem Fall den Tierarzt ersetzen. Bei allen Erkrankungen des Hamsters sollten Sie unbedingt einen Tierarzt konsultieren!

Foto: U. Schanz

Abmagerung

→Gewichtsabnahme

Abszess

Ein Abszess ist eine Ansammlung von Eiter, die der Körper abgekapselt hat. Abszesse können an allen Körperstellen des Hamsters entstehen. Meist gehen Verletzungen oder Parasitenbefall als Auslöser voraus. Anzeichen für einen Abszess sind Rötungen und Schwellungen. Ein Abszess ist nicht zu verwechseln mit einem →Tumor. Stellen Sie ein betroffenes Tier in jedem Fall dem Veterinär vor.

Abtasten des Hamsters

Das Abtasten des Hamsters für den regelmäßigen Gesundheits-Check sollte mindestens einmal pro Woche durchgeführt werden. Dabei sollten Sie darauf achten, ob Schwellungen am Körper des Tieres zu fühlen sind. Falls dies der Fall ist, sollten Sie mit dem Hamster zum Tierarzt gehen, um eine genaue Diagnose zu erfahren. Es muss sich nicht zwingend um einen Tumor handeln, es könnte beispielsweise auch ein →Abszess sein.

Adventskalender für Nager

Eine sehr schöne Idee sind Adventskalender für Nagetiere. Hinter jedem Türchen verbirgt sich eine Leckerei, die in einem kleinen Beutel abgepackt ist. Am 6. und 24. Tag wartet jeweils noch eine kleine Extra-Überraschung für den Nager. Als Leckereien eignen sich u. a. Nager-Pralinen, spezielle →Drops, Mini-Luzerne, Mini-Karotten, Knusper-Kissen usw. Da nicht alle in käuflichen Kalendern enthaltenen Leckerchen empfehlenswert sind, bietet es sich an, den Kalender selbst zu basteln und zu befüllen.

siehe auch →Drops

Goldhamster sollten alleine gehalten werden Foto: K. Hindrichs

Hamster selbst, ihre Einstreu oder das verfütterte Heu können allergische Reaktionen verursachen Foto: iStock / Thinkstock / Daniel Kaesler

Aggressionen

Nach der Paarung verjagt das Weibchen seinen Partner. Jungtiere können nur bis zur Geschlechtsreife beim Muttertier bleiben, weil es sonst zu Aggressivität und Verletzungen kommen kann. Aggressionen entstehen bei beiden Geschlechtern nach der Jungtierphase, sobald die Hamster anfangen, ihr Revier zu markieren. Daher ist es empfehlenswert, Goldhamster und fast alle anderen Arten einzeln zu halten.

Aggressionen können auch durch ungünstige Haltungsbedingungen entstehen. Wichtig ist ein nicht zu heller Ort für das Hamsterheim. Zudem sollte das Schlafhäuschen nicht zu eng sein. Der Hamster muss ungestört schlafen können und braucht ausreichend Baumaterial für seinen Schlafplatz.

Allergie beim Hamster

In meiner langjährigen Erfahrung mit Hamstern ist es zwar noch nie vorgekommen, dass eine Allergie aufgetreten wäre, doch in seltenen Fällen kann eine Allergie entstehen, beispielsweise durch staubige →Einstreu. Das Krankheitsbild ist an Augen- oder Nasenausfluss zu erkennen. Der Hamster macht dabei jedoch keinen matten oder kranken Eindruck. Liegt eine Allergie vor, muss sofort die Ursache ermittelt und beseitigt werden.

Allergie beim Menschen

Einige Menschen reagieren allergisch auf Hamster. Um eine sichere Diagnose zu erhalten, empfiehlt sich die Untersuchung beim Hautarzt. Bevor gleich das Tier aus dem Haus muss, sollte man sich auch auf allergische Reaktionen auf →Einstreu oder →Heu testen lassen.

Allocricetulus curtatus
(Mongolischer Zwerghamster)

Der Mongolische Zwerghamster zählt zur Gattung der Mittelgroßen Zwerghamster (*Allocricetulus*). Er besiedelt Sanddünen in Steppengebieten und Halbwüsten der Mongolei, in Tuwa (Russland) sowie in Nord-China.

Er erreicht eine Kopf-Rumpf-Länge von ungefähr 8,5–15 cm, der Schwanz ist knapp 2 cm lang. Seine Felloberseite ist blass braungelb, gelblich grau oder zimtfarben. Am hinteren Ansatz des Ohrs befindet sich ein undeutlich ausgeprägter, braungelber Fleck. Außerdem sind seine Augen von einem schmalen, schwarzen Ring gesäumt. Die Unterseite ist weiß, ein dunkler Fleck auf der Brust fehlt oder ist nur schwach ausgeprägt.

Bemerkenswert ist der hohe Anteil kleiner Gliederfüßer, vor allem Käfer, in der Nahrung dieser dämmerungs- bis nachtaktiven Hamster, der mindestens rund 50 % der Gesamtmenge ausmacht, teilweise sogar bis über 90 %.

Allocricetulus eversmanni
(Eversmann-Zwerghamster)

Diese zweite Art der Gattung *Allocricetulus* ist im nordöstlichen Kasachstan sowie in angrenzenden Regionen Russlands beheimatet und ähnelt sehr der vorgenannten Art – einige Wissenschaftler gehen sogar davon aus, dass es sich lediglich um Unterarten handelt. Die Kopf-Rumpf-Länge be-

In der Heimtierhaltung sehr selten zu sehen ist der Eversmann-Zwerghamster
Foto: iStock / Thinkstock / allocricetulus

trägt 9,3–16,0 cm, das Fell ist auf der Oberseite dunkelgrau bis rotbraun, je nach Verbreitungsgebiet. Die Unterseite hat eine gräuliche bis weißliche Färbung. Kennzeichnend ist der braune oder graue Brustfleck.

Die Tiere besiedeln trockene Steppenregionen, Halbwüsten, teils sogar Wälder, außerdem als Kulturfolger landwirtschaftliche Flächen, Brachen und die Umgebung menschlicher Ansiedlungen. Sie nehmen tierische (Insekten ebenso wie kleine Wirbeltiere) und pflanzliche Nahrung zu sich. Teilweise treten sie als Schädling in Erscheinung.

Wie auch die Schwesterart, der →Mongolische Zwerghamster, ist der Eversmann-Zwerghamster in der Heimtierhaltung so gut wie nicht vertreten.

Alterserscheinungen

Die Lebenserwartung von Hamstern liegt mit meist 2–3 Jahren leider nicht sehr hoch

Die →Lebenserwartung von Hamstern liegt mit meist 2–3 Jahren leider nicht sehr hoch. Individuell können Alterserscheinungen früher oder später eintreten. Wenn der Hamster mehr schläft als üblich, das Fell etwas struppig wird, die Augen halb verschlossen sind, er weniger Nahrung zu sich nimmt und nicht mehr so lebhaft ist, können dies die ersten Anzeichen sein. Eine →Gewichtsabnahme hingegen muss nicht auf das Altern hinweisen.

Geben Sie besonders älteren Exemplaren eine vitaminreiche Nahrung. Damit der Hamster nicht so viel laufen muss, empfehle ich, das Futter in die Nähe der Trinkflasche zu stellen.

Altersschwäche

Wenn man merkt, dass der Hamster „nicht mehr kann" und schwach ist, wenn er schließlich sogar die Nahrung verweigert, sollte man darüber nachdenken, ihn von seinem Leiden zu erlösen. Sprechen Sie mit einem Tierarzt Ihres Vertrauens.

siehe auch:
→Alterserscheinungen
→Einschläfern
→Regenbogenbrücke
→Trauer

Anfassen

Ob sich ein Hamster anfassen oder gar streicheln lässt, ist individuell völlig verschieden. Die einen lassen sich sehr gerne streicheln, und manche springen sofort auf die vorgehaltene Hand, während andere scheu sind und sich nicht anfassen lassen wollen. Generell sind Hamster keine Schmusetiere und für kleinere Kinder völlig ungeeignet.

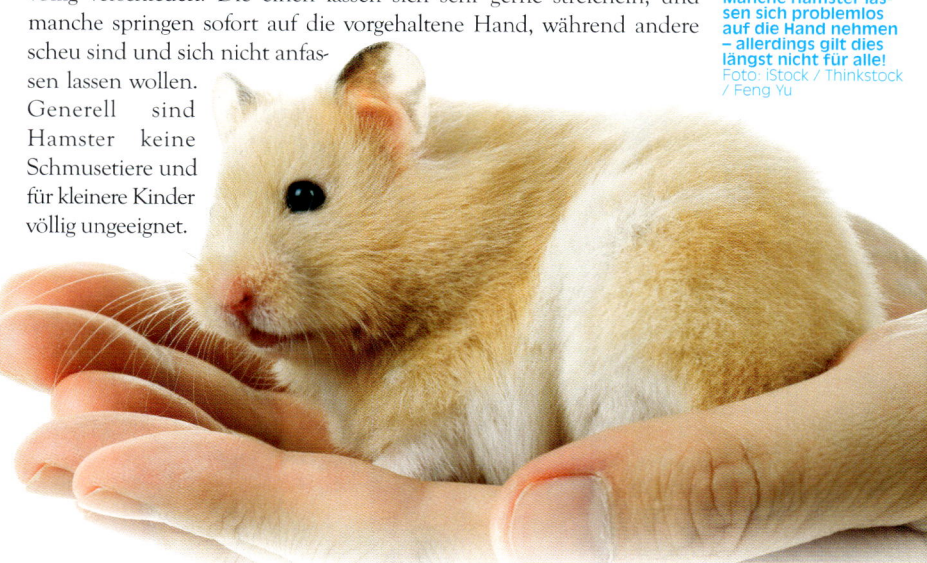

Manche Hamster lassen sich problemlos auf die Hand nehmen – allerdings gilt dies längst nicht für alle!
Foto: iStock / Thinkstock / Feng Yu

Angora- und Teddyhamster

In den USA kam 1972 der erste langhaarige Goldhamster zur Welt. Das Fell ist sehr weich und von unterschiedlicher Länge. Weibliche Hamster haben in der Regel kürzeres Fell als die Männchen. Empfehlenswert ist eine regelmäßige Fellpflege.

siehe auch
→Fellpflege

Apfel

In der Regel fressen Hamster sehr gerne Äpfel. Ohne eine bestimmte Sorte zu nennen, sollte der Apfel nach meinen Erfahrungen süß und rot sein. Schälen und entkernen Sie ihn, bevor sie dem Tier davon anbieten. Mehr als eine Scheibe pro Tag sollte nicht verfüttert

werden. Apfelreste sollten am Abend bzw. am Morgen entfernt werden, sonst könnte sich der Hamster überfressen und Durchfall bekommen. Außerdem schimmelt Frischfutter schnell.

Ich habe sehr gute Erfahrungen mit getrockneten Apfelstücken gemacht, die gerne genommen werden. Diese verderben nicht so schnell, wenn der Hamster sie als Vorrat hortet. Wichtig ist, darauf zu achten, dass kein zusätzlicher Zucker oder Honig enthalten ist.

Appetitlosigkeit

Bei allen Bemühungen sollten Sie immer einen Tierarzt zu Rate ziehen

Appetitlosigkeit kommt sehr häufig vor, wenn ein Hamster an einer Krankheit leidet. Wenn der Hamster längere Zeit nicht frisst, sollte etwas Brei gegeben werden. Als Appetithappen können Sie weiche Haferflocken oder aufgeweichten Zwieback mit Gemüsebrei oder magerem Quark vermischen. Achten Sie aber darauf, dass in der Nahrung kein Zuckerzusatz enthalten ist. Wenn der Tierarzt dem Hamster ein Antibiotikum verordnet, darf das Tier jedoch gleichzeitig keinen mageren Jogurt oder mageren Quark bekommen. Bei allen Bemühungen sollten Sie immer einen Tierarzt zu Rate ziehen.

Atemfrequenz

Goldhamster haben eine Atemfrequenz von 50–120 Atemzügen pro Minute, bei Zwerghamstern beträgt sie 90–120.

Auf-den-Rücken-Werfen

Ein Hamster, der dieses Verhalten zeigt, ist sehr aggressiv gestimmt. Er faucht und zeigt seine Krallen. Sie sollten das Tier dann erst einmal in Ruhe lassen.

Aufstellen und Backenaufblasen

Wenn ein Hamster diese Verhaltensweisen zeigt, kann man bei Arten, die einen Brustfleck besitzen, diesen gut erkennen. Der Hamster zeigt damit Angriffsbereitschaft und könnte eventuell zubeißen. Lassen Sie den Hamster dann besser in Ruhe.

Augen

Mit seinem Sehsinn erkennt der Hamster Objekte von Nahem sehr genau und scharf. Bei hellem Licht sieht er nicht so gut, aber bei wenig Licht nimmt er sehr gut Umrisse und Bewegungen wahr.

Für seinen Farbsinn besitzt der Goldhamster zwei Zapfentypen in der Netzhaut des Auges. Am stärksten nimmt ein Hamster Grün- bzw. Gelbtöne wahr.

Jedoch erkennt er nicht gut Abgründe, die sich vor ihm auftun. Passen Sie daher gut auf, wenn Sie Ihren Hamster beispielsweise auf dem Tisch herumlaufen lassen, oder lassen Sie das besser ganz bleiben.

Nur von Nahem erkennen Hamster Objekte genau und scharf
Foto: iStock / Thinkstock / Igor Kovalchuk

Augenentzündung

Eine Augenentzündung kann beispielsweise durch Zugluft hervorgerufen werden. Deshalb sollte das Hamsterheim nicht an einem zugigen Ort platziert sein. Symptome einer Augenentzündung sind etwa Schleimhautreizungen und ein weißlicher Sekretausfluss. Ziehen Sie die fachliche Beratung eines Tierarztes hinzu.

siehe auch

→Standort des Käfigs

Auslauf

Generell sollte Goldhamstern und Zwerghamstern ein großes, gut strukturiertes Gehege zur Verfügung stehen. Zusätzlich benötigen die Nager regelmäßigen Auslauf, der aber nur unter Aufsicht erfolgen sollte. Besser ist es, den Tieren ein großzügiges Auslaufgehege anzubieten.

Bei freiem Auslauf von Hamstern lauern sehr viele Gefahren auf die kleinen Nager. Hamster nagen sehr gerne alles an. Bei Elektrokabeln droht schlimmstenfalls ein Stromschlag, herumstehende

Hamster benötigen regelmäßig Freilauf in einem für sie sicheren Bereich Foto: iStock / Thinkstock/ Igor Kovalchuk

Putzmittel oder toxische Pflanzen können zu Vergiftungen führen. Auch vor Möbeln, Tapeten und Teppichen machen die Nager keinen Halt.

Bedenklich wäre, beispielsweise einem Roborowski-Zwerghamster ungesicherten Auslauf anzubieten. Zwerghamster sind nämlich so flink, dass sie sich nur schwer wieder einfangen lassen.

siehe auch
→Freilaufgehege
→Giftpflanzen
→Käfig

Ausstellungen

Es gibt immer wieder Kleintierausstellungen, auf denen auch Hamster präsentiert werden. Kleintierausstellungen dienen dazu, Tiere bestimmter Rassen, Farben und Zeichnungen zu zeigen und hinsichtlich der jeweils rassetypischen Merkmale bewerten zu lassen. Darüber hinaus bieten Ausstellungen eine Plattform zum Informationsaustausch zwischen Haltern und Züchtern. Spezifische Hamster-Ausstellungen, wie sie z. B. für Kaninchen und Meerschweinchen regelmäßig deutschlandweit veranstaltet werden, gibt es in Deutschland hingegen noch nicht. Im Mai 2011 fand jedoch bereits die 3. Internationale Hamsterausstellung in Prag statt. Auch in England und Holland sind solche Ausstellungen sehr beliebt.

Kleintierausstellungen dienen dazu, bestimmte Tiere zu präsentieren und hinsichtlich der jeweils rassetypischen Merkmale bewerten zu lassen

Foto: Thinkstock/
istock/9george

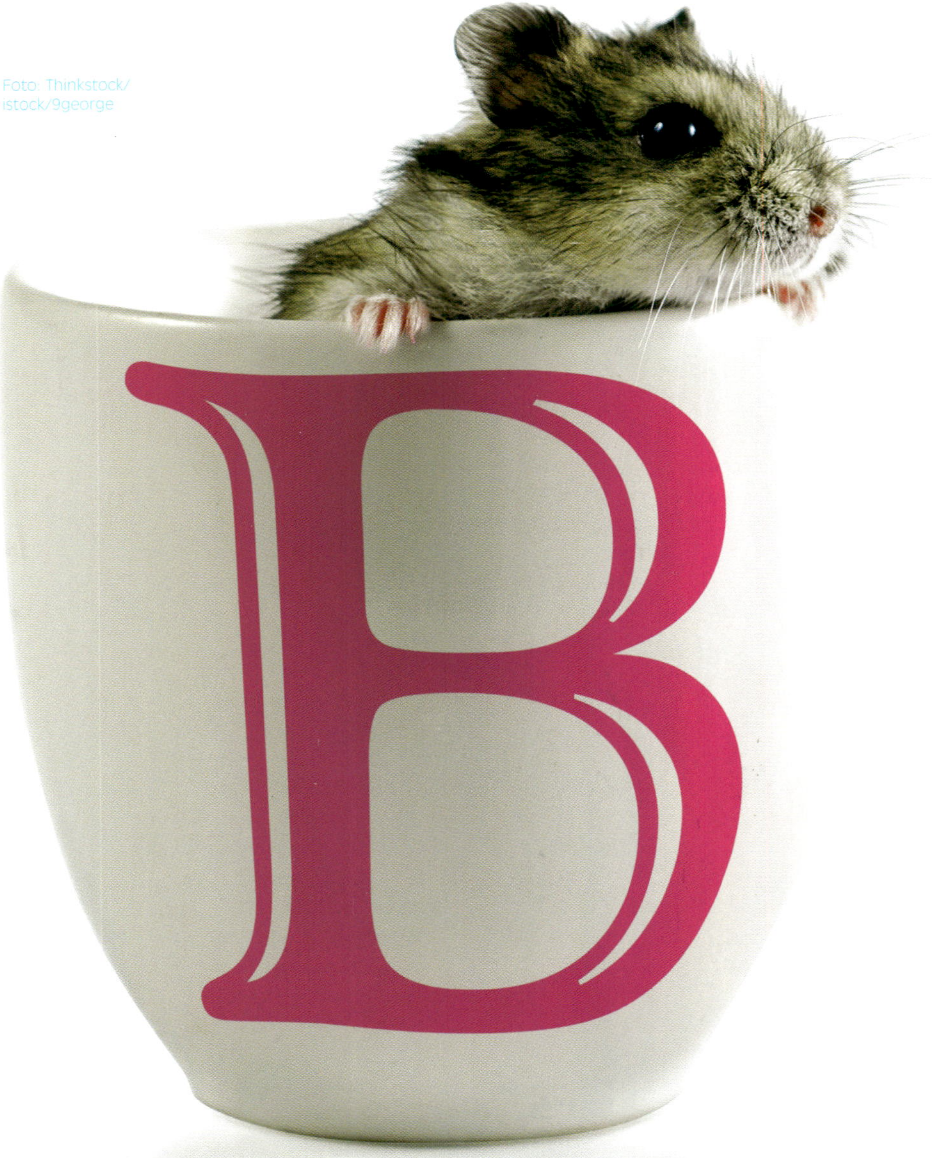

Bachblüten

Die Bach-Blütentherapie wurde in den 1930er-Jahren von dem britischen Arzt Edward Bach (1886–1936) begründet und ist ein nach ihm benanntes alternativmedizinisches Verfahren. Nach Bach beruht jede körperliche Krankheit auf einer seelischen Gleichgewichtsstörung, die nur durch eine Harmonisierung auf der geistig-seelischen Ebene geheilt werden kann. Bach beschrieb „38 disharmonische Seelenzustände der menschlichen Natur", denen er Blüten und Pflanzenteile zuordnete. Diese legte oder kochte er in Wasser, damit sie ihre „Schwingungen" an das Wasser übertragen sollten. Aus diesen Tinkturen werden durch starke Verdünnung die sogenannten Blütenessenzen hergestellt.

Die Wirksamkeit der Bachblüten-Therapie ist wissenschaftlich bislang nicht erwiesen

    Die Wirksamkeit der Bachblüten-Therapie ist wissenschaftlich bislang nicht erwiesen. Dennoch ist die Nachfrage nach sogenannten Naturheilverfahren und anderen Formen der Alternativmedizin in Deutschland in den letzten Jahrzehnten gestiegen. Auch in der Tierhaltung werden insbesondere bei Verhaltensproblemen oder chronischen Erkrankungen zunehmend alternativmedizinische Verfahren wie Bach-Blütentherapie, Homöopathie und Akupunktur eingesetzt. Naturheilverfahren sollten allerdings allenfalls ergänzend zur herkömmlichen Veterinärmedizin angewendet werden.

siehe auch
→Notfall-Tropfen

Bachblüten-Therapeut

→Tierheilpraktiker oder Bachblüten-Therapeuten für Tiere können Auskunft geben, welche Bachblüten für Tiere geeignet sind. Anhand eines Fragebogens, der auf Ihr Tier abgestimmt ist, wird die Diagnose gestellt.

Backentaschen

In den großen Backentaschen sammelt der Hamster sein Futter. Diese Vorräte transportiert er meist in sein Schlafhäuschen oder zu einem bestimmten Platz im Käfig. Auch Schlaf- und Nistmaterial wird in den

Dieser Dsungarische Zwerghamster füllt sich gerade die Backentaschen
Foto: K. Hindrichs

Backentaschen transportiert. Es ist beeindruckend, wie viel dort hineinpasst und wie dick die Backentaschen dadurch werden. Zum Entleeren streicht der Hamster sie mit den Pfoten von hinten nach vorne. Spitze Gegenstände können zu Verletzungen führen, daher haben sie in Käfig oder Auslauf nichts verloren.

Backentaschenverstopfung

Bei einer Backentaschenverstopfung kann nur ein Tierarzt helfen

Eine Backentaschenverstopfung entsteht meist durch Futterrückstände. Der Hamster stopft alles in seine Backentaschen, was er an Futter oder Leckerchen angeboten bekommt. Im Sommer schmelzen z. B. die im Handel angebotenen →Drops sehr schnell, wenn sie gehamstert werden. Dann kann der Hamster sie nicht mehr vollständig entfernen, und die Reste verkleben die Backentaschen. Wenn der Hamster sein Futter nicht mehr hamstert, könnte dies ein Anzeichen einer Backentaschenverstopfung sein. Dann kann nur ein Tierarzt helfen.

Baden

Auch wenn es gut gemeint ist: Hamster sollten niemals in Wasser gebadet werden. Die Tiere können sich durch das Wasser erkälten. Außerdem würde ein Wasserbad die Nager unnötig stressen.

Siehe auch
→Fellpflege

Badesand

→Sandbad
→Buddelkiste
→Hamsterklo

Basteln der Einrichtung

Sehr beliebt bei Hamstern sind Labyrinthe

Mit ein wenig Geschick können Sie Ihrem Hamster zahlreiche Einrichtungsgegenstände wie beispielsweise Holzhäuser oder -brücken selbst basteln. Der Fantasie sind keine Grenzen gesetzt. Sehr beliebt bei Hamstern sind auch Labyrinthe, die aus Holz oder Pappkartons gebaut werden können. Ausführliche Bastelanleitungen findet man z. B. in der Kleinsäuger-Fachzeitschrift →RODENTIA – Nager & Co. oder im Internet.

Bauchdrüse

Mit dem Sekret der Bauchdrüse markieren Hamster ihr Revier. Sie können sich gegenseitig am Geruch dieses Sekrets erkennen. Die Bauchdrüse ist beim männlichen Hamster besonders stark ausgebildet.

Becher-Trick

Manchmal kann es vorkommen, dass sich ein Hamster – vielleicht aufgrund schlechter Erfahrung beim Vorbesitzer – nicht anfassen lassen möchte oder sogar beißt. Um Unfälle zu vermeiden, sollte das Tier beim Reinigen des Käfigs herausgenommen werden. Ein kleiner Trick: Den Hamster vorsichtig in einen großen Trinkbecher schieben und sofort in einem Transportkorb oder Auslaufgehege wieder freilassen. Diese Methode sollte aber natürlich wirklich nur dann angewendet werden, wenn der Hamster sich nicht in die Hand nehmen lässt.

In einem Becher oder einer Tasse lassen sich Hamster, die sich nicht anfassen lassen, problemlos umsetzen
Foto: iStock / Thinkstock / mitakag

Beißen

Wenn Hamster beißen, kann das mehrere Gründe haben:
• Wenn man einen Hamster kauft, ist er oft noch scheu und hat Angst. Versucht man dann gleich ihn anzufassen, kann es passieren, dass er beißt. Lassen Sie den Hamster deshalb erst einmal 2–3 Tage in Ruhe seinen Käfig erkunden. Sprechen Sie mit leiser Stimme mit ihm und versuchen Sie, ihm Leckerchen aus der Hand zu geben.
• Wird der Hamster im Schlaf gestört, kann er ebenfalls mit Beißen reagieren. Deshalb sollte der Käfig einen ruhigen Standort haben. Wecken Sie den Hamster tagsüber nicht! Werden die Tiere während des Schlafs gestört, wirkt sich dies negativ auf deren Gesundheit aus

und verkürzt die Lebenserwartung.

• Stellen Sie eine Veränderung an Ihrem Hamster fest, beispielsweise beim Fressverhalten, sollten Sie ihn einem Tierarzt vorstellen. Sind Schmerzen die Ursache, ist es ebenfalls möglich, dass der Hamster beißt.

• Es kann vorkommen, dass ein Hamster den Finger mit einem Leckerchen verwechselt und zubeißt. Das tut meist aber nicht weh, sondern zwickt nur ein wenig.

Nach meiner Erfahrung aus über 30 Jahren gibt es ganz selten Hamster, die wirklich bissig sind. Meist liegt es am Fehlverhalten des Menschen, wenn ein Tier beißt.

Siehe auch
→ Becher-Trick

Belohnung

Um einen Hamster an die Hand zu gewöhnen, ist es hilfreich, tiergerechte Leckerchen anzubieten, etwa ein Stückchen getrockneten Apfel. Der Hamster merkt sehr schnell, wann es eine Belohnung gibt. Oftmals sitzt er dann schon am Gitter und wartet.

Beschäftigung

Hamster brauchen Beschäftigung. Ein → Laufrad reicht bei Weitem nicht aus. Wenn nur ein Laufrad angeboten wird, kann es zu Stereotypien (= immer gleicher Ablauf einer bestimmen Bewegungsabfolge) kommen.

Solche Systeme aus Häuschen und Tunneln sind für Hamster sehr interessant
Foto: Trixie

Ein über mehrere Etagen reichender „Luxus-Abenteuerspielplatz" – da macht das Erkunden Spaß!
Foto: Trixie

Ein Hamster, der sich langweilt, nagt beispielsweise mit Ausdauer an den Gitterstäben.

Es gibt im Zoofachhandel sehr schönes, artgerechtes Spielzeug aus Holz oder Kork, wie etwa Brücken, Höhlen, Häuser und Treppen. Auch Wurzeln und Zweige (z. B. von Apfel- und Birnbaum, Heidel- und Johannisbeere) eignen sich als Nagespielzeug. Ebenfalls sehr beliebt sind Buddelkisten, die mit Sand (siehe → Sandbad), Einstreu, Erde oder getrockneten Blättern gefüllt sind und in denen man Leckerli versteckt.

Verzichten Sie bei der Einrichtung des Hamsterheims unbedingt auf Gegenstände aus Plastik, da es häufig angenagt wird und die verschluckten Teile im Darm zu schweren Verletzungen und somit auch zum Tod des Hamsters führen können! Siehe auch → Tierschutzwidriges Zubehör

Darüber hinaus sollten Hamster regelmäßig →Auslauf erhalten. Wichtig ist hierbei, dass der Auslauf für den Hamster gefahrenfrei und abwechslungsreich gestaltet wird.

Bezoar

Bei einem Bezoar handelt es sich um eine Ansammlung von Haaren, die bei der Fellpflege verschluckt worden sind. Im Gegensatz zu einer Katze können Hamster diese Haare nicht erbrechen. Bezoare können zum Darmverschluss führen. Wenn Ihr Hamster erste Krankheitssymptome anzeigt, wie z. B. einen angespannten Bauch, Fressunlust und Apathie, suchen Sie bitte rechtzeitig einen Tierarzt auf. Vor allem →Angora- und →Teddyhamster können unter Bezoaren leiden.

Siehe auch
→Malte-Paste
→Teddyhamster-Futter

Bindehautentzündung

Man unterscheidet akute und chronische Bindehautentzündungen. Bei der akuten Bindehautentzündung sind die Augen gerötet und geschwollen. Oft kommt es zu einem schleimigen und eitrigen Tränenfluss. Ursachen sind meist Staub und Schmutzteilchen, die beispielsweise von der Einstreu herrühren können. Eine verschleppte akute Bindehautentzündung mit gelbgrünlichen Sekreten kann zu einer chronischen Bindehautentzündung führen. Um diese Krankheit zu heilen, ist eine länger anhaltende Therapie erforderlich.

Plätzchen der fertigen Bio-Backmischung von Rodipet Foto: Rodipet

Bio-Backmischung für Hamster

Von der Firma Rodipet gibt es eine Bio-Backmischung für Nager in drei Geschmacksrichtungen:

Classic, Kräuter oder Petersilie. Die Kekse werden nach einem Grundrezept gebacken: 6 Teelöffel Bio-Backmischung mit 6 Teelöffeln Wasser in einer Schale vermischen. Anschließend formt man die Plätzchen nach Belieben. Die Backzeit beträgt 10–15 Minuten bei ca. 170 Grad. Nach Belieben können die Kekse noch „verfeinert" werden, beispielsweise mit Möhrenstückchen oder Mehlwürmern. Die gebackenen Kekse sind mindestens 2–3 Monate haltbar.

Bisswunden

Werden Jungtiere nicht rechtzeitig voneinander getrennt, kann es zu Bissverletzungen kommen. Ernsthafte Bisswunden können auch als Folge von Revierkämpfen beim Versuch einer Vergesellschaftung entstehen. Goldhamster können nicht in Gruppen oder als Paare gehalten werden, da es zu starken Auseinandersetzungen bis hin zu Bissverletzungen kommt.

Goldhamster können nicht in Gruppen oder als Paare gehalten werden

Auf einer Bisswunde bildet sich Schorf, den die Hamster meist selbst abknabbern. Aufgrund der Infektionsgefahr sollte jede Bisswunde vom Tierarzt behandelt werden.

Siehe auch
→Vergesellschaftung von Zwerghamstern

Brunstzyklus

Der Brunstzyklus dauert je nach Art unterschiedlich lange, beim Goldhamster und beim Chinesischen Streifenhamster beispielsweise 4–5 Tage, beim Dsungarischen, beim Campbell- und beim Roborowski-Zwerghamster 4 Tage.

Buddelkiste

Es ist empfehlenswert, dem Hamster eine Buddelkiste mit Sand (siehe → Sandbad) anzubieten. Besonders Zwerghamster baden sehr ausgiebig darin. Sie nutzen den Sand zur Fellpflege und haben Spaß am Buddeln. Keinesfalls darf scharfkantiger Sand zum Einsatz kommen! Die Buddelkiste kann auch mit verschiedener Einstreu, Erde, getrockneten Blättern, Papierschnipseln etc. befüllt werden. Als Behältnis können z. B. Holzkisten, Keramikschalen und Käfigunterschalen verwendet werden.

Campbell-Zwerghamster
→*Phodopus campbelli*

Cansumys canus (Gansu-Zwerghamster)
Dieser Zwerghamster ist kaum erforscht und nur von wenigen Exemplaren bekannt. Anders als bei verwandten Arten ist sein Fell eher zottelig. Im Verhältnis zu der rund 14 cm betragenden Kopf-Rumpf-Länge ist der recht buschige Schwanz mit ca. 11 cm sehr lang. Die Körperoberseite ist hellgrau, jedoch schwarz gesprenkelt, unterseits sind die Tiere weißgrau.

Charakter
Jeder Hamster hat einen eigenen Charakter. Die einen sind scheu, die anderen neugierig, zutraulich oder anhänglich. In gewissem Rahmen hängt der Charakter natürlich auch von der Art und Herkunft ab: Stammt der Hamster aus einer liebevollen und seriösen Hobbyzucht, wird er meist eher zutraulich, als wenn er beispielsweise von einem Großhändler oder „Massenvermehrer" angeboten wird.

Clicker-Training
Schon in den 1960er-Jahren fand man heraus, dass das Verhalten von Tieren durch den gezielten Einsatz von Geräuschen positiv beeinflusst werden kann („Klassische Konditionierung"). Mithilfe eines sog. Klickers, d. h. eines kleinen Geräts, das ein Geräusch, eben ein „Klick" erzeugt, werden erwünschte Verhaltensweisen verstärkt. Wesentlich für diese Methode der Verhaltensbeeinflussung ist, dass das Tier die Konsequenz seines Verhaltens innerhalb eines möglichst kurzen Zeitraumes erfährt, sodass der Zusammenhang zwischen Verhalten und Belohnung (z. B. in Form eines Leckerli) erhalten bleibt.

Beim Clicker-Training wird häufig ein Target (Zeigestock) eingesetzt. Hierbei wird das Tier dazu gebracht, mit dem Kopf (oder der Nase) dem Target-Stick zu folgen.

Clicker werden eingesetzt, um erwünschte Verhaltensweisen zu trainieren
Foto: manfredxy/ iStock/Thinkstock

Siehe →Target

Colibacillose

An Colibacillose mit wässrigem Durchfall erkranken häufig neugeborene Hamster, aber auch eine plötzliche Futterumstellung kann das Massenwachstum der Coli-Bakterien begünstigen. Nährstoffreiches Futter und Hygiene beugen der Krankheit vor.

Cricetulus alticola (Indischer oder Ladakh-Zwerghamster)

Der Ladakh-Zwerghamster zählt zur Untergattung der Tibetischen Zwerghamster (→*Urocricetulus*), von denen gegenwärtig fünf Arten anerkannt sind – jedoch ist die Systematik dieser Gruppe nicht unumstritten. Der Ladakh-Zwerghamster besiedelt das Hochland des Nordwestens Tibets, des Westens Nepals sowie Nord-Indiens.

Er erreicht 8 bis fast 10 cm Kopf-Rumpf-Länge, der Schwanz misst knapp 4 cm. Die fleckenlose Oberseite des Fells ist gräulich gelb bis braun gefärbt. Er ist offenbar nicht streng an einen bestimmten Biotoptyp gebunden, sondern kommt in Wäldern und Steppen ebenso vor wie auf Wiesen und in Buschland. Die Nahrung besteht aus pflanzlicher Kost wie verschiedenen Sämereien sowie aus Insekten.

Cricetulus barabensis (Daurischer Zwerghamster)

Der Daurische Zwerghamster ist in Südost- und Süd-Sibirien, Nord-China, Korea sowie der Mongolei beheimatet. Er erreicht eine Länge von 9–13 cm. Seine Rückenoberseite ist rotgrau bis dunkelgelbgrau gefärbt und weist einen dunklen Aalstrich auf.

Cricetus cricetus (Feldhamster)

Der Feldhamster zählt zur Gattung der Großhamster (*Cricetus*) und misst auch stattliche 20–34 cm Kopf-Rumpf-Länge. Sein Schwanz wird bis zu 6 cm lang und ist fast haarlos. Der Feldhamster kann ein Körpergewicht zwischen 200 und 650 g erreichen. Das Männchen ist in der Regel etwas größer und schwerer als das Weibchen.

Die Tiere sind recht bunt: Sie haben eine gelbbraune Felloberseite und eine tiefschwarz gefärbte Unterseite. Um seine Nase, an den Wangen und den Flanken besitzt der Feldhamster weiße Stellen, auch die Füße und die Nasenspitze sind weiß. Dazu kommen rötlich braune Stellen im Gesicht. Beheimatet ist der Feldhamster von Belgien im Westen über Mittel- und Osteuropa bis ins russische Mittelasien und China.

Der einzelgängerische Feldhamster gräbt seinen bis zu einen Meter tiefen, verzweigten Bau gern in Löss- oder Lehmböden. Für den Winter legt der Feldhamster einen Vorrat von ungefähr 5 kg an. Da dieser Hamster sich von Körnern, Hülsenfrüchten, Rüben, Klee, Kartoffeln, Mais etc. ernährt, ist beziehungsweise war er ein großes Problem für die Landwirtschaft. Er wird regional oft nach wie vor bekämpft und ist mittlerweile vom Aussterben bedroht.

Der Feldhamster ist vom Aussterben bedroht
Foto: Thinkstock/ iStock / Eric Isselée

Cricetulus kamensis (Kham-Zwerghamster)

Der Kham-Zwerghamster aus der Untergattung *Urocricetus* bewohnt vorwiegend Grasland und Steppen im Osten des tibetischen Hochlands sowie angrenzender Gebiete Chinas. Er ernährt sich in der Natur von Getreide, Samen und Gräsern sowie Insekten. Dieser Zwerghamster wird etwa 10 cm lang, sein recht dicker Schwanz misst über 5 cm Länge. Die Farbe des Rückens ist ein dunkles Graubraun, manchmal mit schwarzen Flecken oder Streifen. Die Hüfte ist schwarz. Unterseits sind die Tiere grauweiß gefärbt. Der Kham-Zwerghamster hat auf seiner Schwanzoberseite einen dunklen schmalen Streifen.

Folgende Unterarten werden unterschieden:

→*Cricetulus kamensis kamensis*
→*Cricetulus kamensis kozlovi*

Cricetulus longicaudatus (Langschwanz-Zwerghamster)

Der Langschwanz-Zwerghamster kann 8–13,5 cm lang werden, der Schwanz misst weitere 4–5 cm. Rücken und Flanken sind gelblich bis graubraun, die Bauchseite ist weißlich grau gefärbt. Ein Aalstrich über den Rücken fehlt.

Die Tiere bewohnen hoch gelegene Felsregionen in Nord- und Zentral-China, der Mongolei, Süd-Sibirien und Ost-Kasachstan. Die Nahrung setzt sich überwiegend aus Sämereien zusammen, Insekten spielen eine untergeordnete Rolle.

Der Bau des Langschwanz-Zwerghamsters verläuft knapp unter der Erdoberfläche, oft unter Felsen, und kann bis zu drei Meter Länge erreichen sowie mehrere Eingänge besitzen.

Man unterscheidet folgende Unterarten:

Cricetulus longicaudatus chiumalaiensis
Cricetulus longicaudatus longicaudatus
Cricetulus longicaudatus kozhantschikovi

Cricetulus migratorius (Grauer Zwerghamster)

Der Graue Zwerghamster wird meist 10–12 cm groß, sein Schwanz misst weitere 2–3 cm. Oberseits ist er hellgrau bis gelblich gefärbt, unterseits weißlich grau. Ein ausgeprägter Aalstrich fehlt zwar, aber die Haare über der Wirbelsäule sind meist etwas dunkler als die Grundfarbe.

Grauer Zwerghamster
Foto: K. Rudloff

Die Art ist vom Osten Europas bis nach West-China verbreitet, besiedelt dort die Baumsteppe, dringt aber als Kulturfolger auch in Getreidefelder vor. Sie frisst überwiegend Sämereien, manchmal auch Wirbellose.

Cricetulus sokolovi (Sokolow-Zwerghamster)

Der Sokolow-Zwerghamster gräbt seine Baue unter Wüstensträuchern in der West- und Süd-Mongolei sowie in der Inneren Mongolei in China. Er wird rund 8–11 cm lang, der Schwanz misst weitere 2–3 cm.

Auf seiner Oberseite ist er grau bis hellbraun gefärbt, mit einem Aalstrich vom Nacken bis zum Ansatz des Schwanzes. Allerdings ist diese Zeichnung nur bei Jungtieren deutlich zu sehen, mit der Zeit verblasst sie. Die scharf abgegrenzte Farbe der Unterseite ist Hellgrau. Bemerkenswert sind die weißen Pfoten: Sie sind nicht flach gebaut, sondern die Zehen besitzen die Tendenz, sich einzurollen.

Daurischer Zwerghamster
→ *Cricetulus baraben-sis*

Diabetes mellitus

Diabetes mellitus ist auch als Zuckerkrankheit bekannt. Zwerghamster leiden häufiger daran als Goldhamster. Bei Zwerghamstern kann Diabetes sogar schon bei Jungtieren auftreten, während Goldhamster meist im fortgeschrittenen Alter daran erkranken.

Symptome können Gewichtsabnahme und häufiges Trinken sein. Empfehlenswert ist die Diagnose über die Untersuchung von Urinproben, die durch eine Bestimmung des Blutzuckers abgesichert wird. Eine Behandlung mit Insulin ist schwierig, weil der Hamster darauf eingestellt werden muss. Außerdem müssen regelmäßig und in kurzen Zeitabständen Blutuntersuchungen durchgeführt werden. Empfehlenswert ist daher, die Ernährung umzustellen und die weitere Vorgehensweise mit dem Tierarzt abzustimmen.

Als Futter geeignet sind Sorten ohne Zuckerzusatz und Gemüse. Nicht verfüttert werden sollten alle stark zuckerhaltigen Futtermittel wie Nager-Drops, Knabberstangen und Obst.

Obst sollte Hamstern mit Neigung zu Diabetes nicht verfüttert werden! Foto: Thinkstock / iStock / Maximillian-Sethislav Andreev

Drops

Drops sind in verschiedenen Geschmacksrichtungen angebotene Leckerchen für Hamster und andere Nager. Meist sind u. a. Zucker, Milch, Molkereierzeugnisse, Öle und Fette enthalten. Wen wundert es, dass Drops gerne von den Tieren genommen werden? Tierhalter möchten ihrem Liebling etwas Gutes tun, übersehen dabei aber leider oft, dass die angebotenen Leckereien sehr ungesund sind. Drops sollten daher grundsätzlich nicht verfüttert werden. Dies gilt insbesondere für Tiere, die an →Diabetes erkrankt sind.

Siehe auch
→ Backentaschenverstopfung

Dsungarischer Zwerghamster

→ *Phodopus sungorus*

Durchfall

Ist der After des Hamsters kotverschmiert, kann dies ein Anzeichen von Durchfall sein. Für diese Erkrankung gibt es verschiedene Ursachen wie Viren, Bakterien, eine falsche Ernährung oder unsaubere Haltung. Wichtig ist, dass Einstreu, Hamsterklo, Schlafplatz und Futtervorräte regelmäßig kontrolliert und sauber gehalten werden. Durchfall entsteht häufig durch eine falsche Fütterung, wie z. B. eine Ernährung mit zu viel oder unverträglichem Grünfutter oder ungesunden Nagersnacks, wie sie im Zoofachhandel häufig angeboten werden. Da Frischfutter wie Obst und Gemüse immer mit Pestiziden belastet sein kann, sollte es vor dem Verfüttern stets gründlich abgewaschen und abgetrocknet oder geschält werden. Um Magen/Darm-Probleme zu vermeiden, sollten unbekannte Futtersorten außerdem immer erst in kleinen Mengen angefüttert werden.

Als Erste-Hilfe-Maßnahme versuchen Sie am besten, den After des betroffenen Hamsters mit einem angefeuchteten weichen Tuch zu säubern. Reinigen Sie den kompletten Käfig gründlich und verfüttern Sie bis auf weiteres kein Frischfutter wie Obst und Gemüse und keine handelsüblichen Nagersnacks. Die weitere Therapie legt der Tierarzt fest, den Sie schnellstmöglich aufsuchen sollten.

Da Frischfutter mit Pestiziden belastet sein kann, sollte es vor dem Verfüttern immer gründlich abgewaschen und abgetrocknet oder geschält werden

Wissenschaftlich nicht belegt, aber von Hamsterhaltern oft angewendet wird die Edelsteintherapie
Foto: Thinkstock / iStock / Milicha

E

Edelstein-Therapie

Eine beliebte, wissenschaftlich jedoch nicht anerkannte Form der Therapie bei Kleintieren ist die Nutzung der Heilkraft von Edelsteinen. Man kann die Edelsteine, die es in verschiedenen Größen und Formen gibt, problemlos am Käfig befestigen, ohne sie dem Hamster auflegen zu müssen. Eine andere Möglichkeit wäre, Edelstein-Trinkwasser zu verabreichen. Edelsteine können bei vielen Krankheiten begleitend zur Therapie verwendet werden. Ein Tierheilpraktiker kann Ihnen sicher weiterhelfen.

Eierkartons

Hamster beschäftigen sich gern mit leeren Eierkartons. Legen Sie diese umgekehrt in den Käfig. Ihre Hamster nagen daran, verstecken sich darunter und klettern darauf herum.

Eingewöhnung

Vor dem Kauf des Hamsters sollten Sie das neue Heim komplett eingerichtet haben. Empfehlenswert ist es, vom Zoogeschäft oder Züchter etwas Einstreu aus der alten „Hamsterwohnung" mitzunehmen, damit sich der Hamster in seinem neuen Zuhause nicht so fremd fühlt.

Sanft umschlossen, fühlt sich der Hamster sicher Foto: Thinkstock / iStock / Elena Blokhina

Stellen Sie die Transportbox geöffnet in den Käfig, damit der Hamster in Ruhe seinen neuen Käfig erkunden kann. Ist das geschehen, entfernen Sie die Box. Während der Eingewöhnungszeit sollte der Hamster nicht unnötig gestört werden. Da er sein neues Revier durch Duftsekrete markiert, sollte der Käfig die ersten ca. 8–10 Tage nicht gereinigt werden. Später ist eine Käfigreinigung auch in kürzeren Zeitabständen möglich.

Wenn sich Ihr Hamster an sein neues Heim gewöhnt und seine Scheu schon ein wenig abgelegt hat, können Sie ihn leise mit seinem Namen ansprechen und ihm Leckerchen wie beispielsweise getrocknetes Obst durch die Gitterstäbe anbieten. Hamster sind neugierig, und es wird bestimmt nicht lange dauern, bis er sie annimmt. Danach kann man einen nächsten Schritt wagen und versuchen, dem Hamster das Leckerchen direkt aus der Hand zu geben. Wahrscheinlich wird er an Ihrer Hand schnuppern, um Ihren Geruch wahrzunehmen. Als Nächstes können Sie versuchen, den Rücken des Hamsters leicht zu berühren. Nach und nach wird er immer zutraulicher. Nach meiner Erfahrung dauert die Eingewöhnungsphase je nach Charakter des Hamsters etwa 1–2 Wochen.

Beim Herausnehmen ist es nicht empfehlenswert, den „Nackengriff" anzuwenden, da dieser nur von Fachleuten wie beispielsweise einem Tierarzt durchgeführt werden sollte. Man sollte den Gold- oder Zwerghamster vielmehr vorsichtig auf die Hand bugsieren und ihn dort leicht umschließen. Dabei fühlt der Hamster sich sicher.

Siehe auch
→Becher-Trick
→Beißen

Einschläfern

Quält sich der Hamster, sollte man ihn nach Beratung durch den Tierarzt einschläfern lassen

Wenn der Hamster älter und unheilbar krank ist, kommt eine schwere Entscheidung auf Sie zu: Soll man das Tier von seinem Leid erlösen und einschläfern lassen? Quält sich der Hamster und hat vielleicht sogar Schmerzen, sollte man den schweren Schritt tun und ihn nach Beratung durch den Tierarzt einschläfern lassen.

Siehe auch
→Regenbogenbrücke
→Trauer
→Trauer bei Kindern

Einstreu

Kleintierstreu für den Käfigboden besteht meist aus Holzfasern. Sie ist oft nicht leicht zu verteilen und staubt sehr. Das kann für Menschen mit empfindlichen Lungen zum Problem werden.

Alternativ dazu gibt es Pellets aus gepresstem Stroh. Diese stauben zwar nicht, sind aber für die kleinen Hamsterfüße nicht so gut geeignet, da die Nager auf den Pellets häufig ausrutschen. Sehr zu empfehlen sind das im Verbrauch sehr sparsame Naturprodukt HUGRO-Naturstreu, das aus dem Stängelmark der Hanfpflanze gewonnen wird, und vergleichbare Einstreusorten. Sie sind staubfrei und daher gut für Allergiker geeignet. Außerdem lassen sie sich leicht auf dem Käfigboden verteilen.

Einzelgänger

Die meisten Hamster sind absolute Einzelgänger, die keine Gesellschaft mögen. Bei vielen Hamsterarten ist es zwar schön anzusehen, wie die Jungtiere miteinander spielen oder eng aneinander gekuschelt schlafen. Doch wenn sie älter werden, kann es zu Revierkämpfen mit Bissverletzungen kommen. Zwerghamster, mit Ausnahme des Chinesischen Streifenhamsters, lassen sich manchmal in kleinen Gruppen oder paarweise halten, doch das friedliche Zusammenleben kann schnell in starke Auseinandersetzungen umschlagen. In Gruppen lebende Tiere müssen daher stets aufmerksam beobachtet und notfalls getrennt werden.

Mittlerweile gibt es Einstreu-Sorten aus verschiedensten Materialien, hier eine Naturstreu-Sorte von Hugro
Foto: Hugro

Eiweißfutter

Neben Mehlwürmern und weiteren lebenden oder toten Wirbellosen kann dem Hamster Eiweiß in anderer Form angeboten werden. Verfüttert werden können ein kleiner Teelöffel Magerquark oder Naturjogurt einmal pro Woche, etwas hart gekochtes Ei, einige Krümel

JR FARM Eiweiß-Cocktail	
Ergänzungsfuttermittel für Ratten, Hamster, Mäuse und alle anderen gemischt ernährten Nager	
Zusammensetzung:	Getrocknete Heuschrecken 34%, getrocknete Mehlwürmer 33%, getrocknete Shrimps 33%
Analytische Bestandteile:	Protein: 63,5%, Fettgehalt: 13,8%, Rohfaser: 11,6%, Rohasche: 6,3%
JR FARM Vollkorn Shrimps & Garnelen-Cookies	
Ergänzungsfuttermittel für Ratten, Mäuse und Hamster	
Zusammensetzung:	Getreide, Saaten, Gemüse, Nüsse, Ei und Eierzeugnisse, Krebstiere (Shrimps 5%, Garnelen 5%)
Analytische Bestandteile:	Protein 18,8%, Fettgehalt 12,9%, Rohfaser 7,8%, Rohasche 6,2%

Zwei Beispiele für kommerzielle Ergänzungsfuttermittel
Angaben: JR Farm

Hüttenkäse oder ab und zu ein kleines Stückchen Hundekuchen. Bei trächtigen Weibchen ist der Eiweißbedarf höher.

Siehe auch
→ Mehlwürmer
→ JR Farm Hamsterschmaus für Hamster und Zwerghamster

Erkältung

Wenn eine Erkältung auftritt, sollten Sie mit Ihrem Hamster einen Tierarzt aufsuchen

Eine Erkältung oder sogar eine Lungenentzündung werden oft durch Zugluft hervorgerufen. Deshalb sollte der Standort des Hamsterheims mit Bedacht ausgewählt werden. Zudem darf der Käfig nicht Kälte ausgesetzt sein. Die Raumtemperatur sollte bei ungefähr 18–20 °C liegen. Auch darf keine hohe Feuchtigkeit herrschen. Starke Temperaturschwankungen sind zu vermeiden. Anzeichen für eine Erkältung sind ein starker Ausfluss von Nasensekret und Niesen. Wenn eine Erkältung auftritt, sollten Sie mit Ihrem Hamster einen Tierarzt aufsuchen.

Siehe auch
→ Standort des Käfigs, Aquariums oder Terrariums

Erkundungsverhalten

Ein Hamster erkundet sein Revier hauptsächlich mit der Nase. Auch sein Futter findet er durch seinen Geruchssinn. Außerdem

orientiert sich der Hamster mit seinem Gehör. Dazu stellt er sich häufig aufrecht hin. Beim Freilauf sollten Sie ihn immer im Blick haben. Er nagt gerne beispielsweise an Kabeln, Möbeln oder Tapeten. Außerdem kann sich der kleine Nager sehr flach machen und in enge Spalten (z. B. unter Regale oder Sofas) kriechen.

Um Ihrem Hamster bei seinen Erkundungsgängen etwas Abwechslung zu bieten und ihn auch besser im Blick zu haben, können Sie ihm an bestimmten Stellen Leckerli hinlegen. Er wird diese Stellen wiederholt aufsuchen. Wenn der Hamster beim Erkunden seines Reviers auf Nistmaterial stößt, bringt er es meist zu seinem Schlafplatz.

Um Ihrem Hamster etwas Abwechslung zu bieten, können Sie ihm Leckerli hinlegen

Ernährung: Verdauungstrakt des Hamsters

(Mit freundlicher Genehmigung von Tiernahrung Bunny)

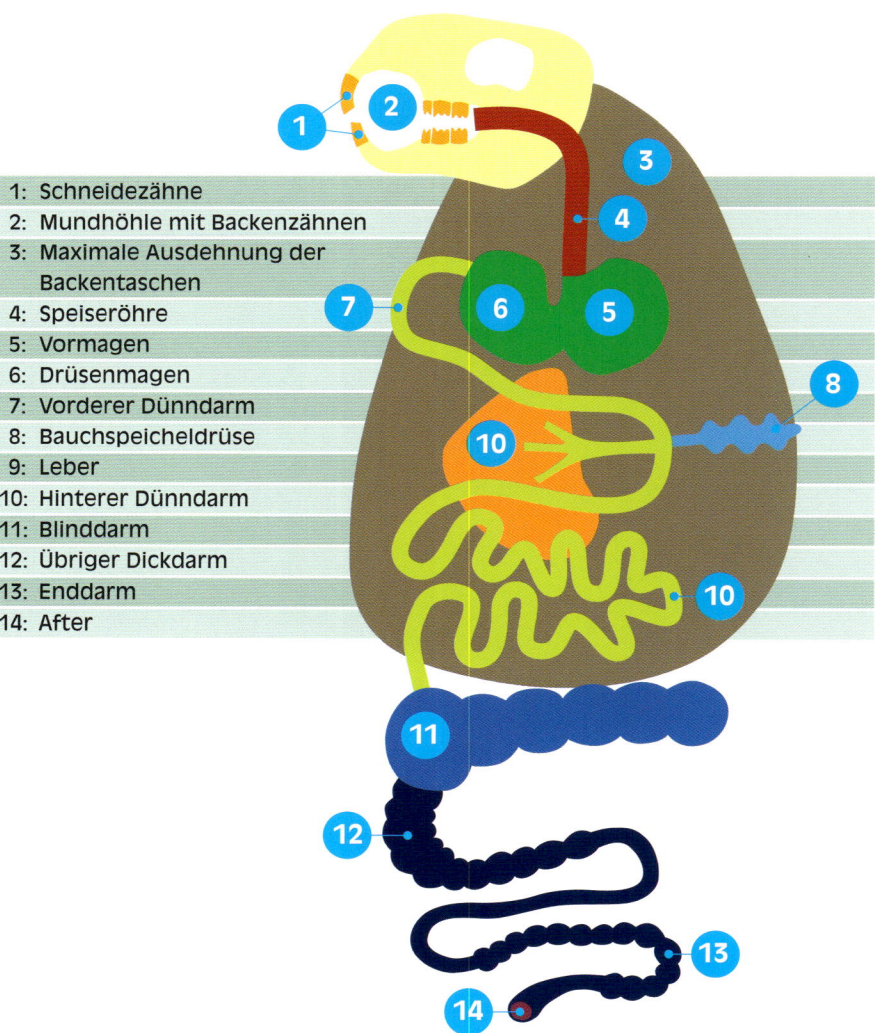

1: Schneidezähne
2: Mundhöhle mit Backenzähnen
3: Maximale Ausdehnung der
   Backentaschen
4: Speiseröhre
5: Vormagen
6: Drüsenmagen
7: Vorderer Dünndarm
8: Bauchspeicheldrüse
9: Leber
10: Hinterer Dünndarm
11: Blinddarm
12: Übriger Dickdarm
13: Enddarm
14: After

Ernährungsplan

Das Futter für Hamster sollte möglichst abwechslungsreich sein. Generell sollten Hamster allerdings nicht zu viel verschiedenes Frischfutter bekommen. Abwechslungsreiche Nahrung ist wichtig, aber ein Zuviel kann zu Durchfall führen.

Bei Obstbaumzweigen ist darauf zu achten, dass sie unbehandelt sind. Getrocknete Zweige gibt es auch in Zoogeschäften zu kaufen. Frischfutter sollte wegen der Gefahr von Pestiziden am besten immer gut abgewaschen und abgetrocknet werden. Hervorragend geeignet ist Biogemüse.

Wichtig ist es, niemals Futter direkt aus dem Kühlschrank anzubieten. Alle Kohlarten und Steinobst dürfen nicht verfüttert werden. Obst- und Gemüsereste sollten unbedingt täglich aus dem Hamsterheim entfernt werden.

Artgerecht füttern!

Wichtig ist, bei der Zusammensetzung des Futters die Ansprüche der jeweiligen Art zu berücksichtigen:

Roborowski-Zwerghamster:
Mindestens 80 % Pflanzenkost (vor allem Sämereien), höchstens 20 % tierische Kost

Campbell-Zwerghamster und Dsungarischer Hamster:
60 % Pflanzenkost, 40 % tierische Kost

Chinesischer Streifenhamster:
70 % Pflanzenkost (auch vegetative Pflanzenteile), 30 % tierische Kost

Goldhamster:
85 % Pflanzenkost, 15 % tierische Kost

Leckerchen	Gemüse	Obst	Eiweiß	Zum Knabbern
Erdnüsse	Möhren	Erdbeere	Mehlwürmer	Heuglocke
Sonnenblumen-kerne	Gurken	Apfel	Hartgekochtes Eiweiß	Zweige von Obstbäumen
Rollis	Zucchini	Banane	Magerquark	Knäckebrot
Vogelhirse	Roter Paprika	Melone	Naturjogurt	Wenig Hundekuchen
Getrockneter Apfel	Tomate	Traube	Hüttenkäse	

Darüber freuen sich Hamster als gelegentliche Zusatzkost

Siehe auch
→ Hamsterfutter
→ Löwenzahn

Eversmann-Zwerghamster
→ *Allocricetulus eversmanni*

F

In der Fallfarbe Weiß
gezüchteter Gold-
hamster
Foto: K. Hindrichs

Fell
→ Fellpflege

Fellfarbe
Nach VERHOEF-VERHALLEN & MENZEL (2007) werden Hamster in folgenden Varianten gezüchtet

Goldhamster			
Fellfarben	**Einfarbige**	**Mehrfarbige**	**Fell**
Gold	Albino	Weißband	Langhaar
Gold mit weißem Bauch	Weiß mit roten Augen	Gescheckt	Satinfell
Gelb	Weiß mit dunklen Augen	Schildpatt	Rexfell
Sepiafarben	Dunkel sepiafarben		
Grau	Silber sepiafarben		
Zimtfarben	Cremefarben mit roten Augen		
Lila	Cremefarben mit dunklen Augen		
Guineagold	Schwarz		
	Schokoladenfarben		
	Champagner		
	Kupferfarben		
	Taubengrau (Dove)		

Zwerghamster		
Dsungarischer Zwerghamster	**Campell-Zwerghamster**	**Chinesischer Zwerghamster**
Wildfarbe	Wildfarbe	Wildfarbe
Blauwildfarbe (Saphir)	Blau	Gescheckt
Perlmutt (Pearl)	Argent (gelb wild-farben)	Weiß
	Albino	
	Gescheckt	

Fellmilben (*Myobia musculi*)
Wie ihr Name schon sagt, lebt diese Milbe im Fell ihrer Wirtstiere. Ihre Eier legt die Fellmilbe meist am Haaransatz ab. Wo die Milbenart auftritt, bilden sich kahle Stellen im Fell, und man sieht eine Kruste.

Es können auch bakterielle Entzündungen entstehen. Auf Hygiene ist besonders zu achten. Betroffene Hamster leiden unter starkem Juckreiz.

Fellpflege

Ein Hamster darf niemals gebadet werden, da er sich erkälten kann

Bei Angora- und Teddyhamstern sollte man sehr genau darauf achten, dass sich im Fell keine Verfilzungen oder Knoten befinden. Häufig bleibt Einstreu im Fell hängen, was solche Verfilzungen begünstigen kann. Empfehlenswert für Langhaar-Hamster ist eine Naturstreu.

Mit einer Kleintier-Bürste kann man das Fell ganz vorsichtig kämmen. Sind allerdings bereits Verfilzungen oder Knoten vorhanden, lassen sich diese so nur schwer beseitigen. Dann sollte man die

verfilzten Stellen mit einer abgerundeten Schere herausschneiden. Das ist allerdings nicht so einfach, da der Hamster meist nicht stillhält. Am besten sucht man sich Hilfe, indem eine Person den Hamster festhält und eine andere das Haar kämmt oder schneidet.

Ein Hamster darf niemals gebadet werden, da er sich erkälten kann und ein Wasserbad Stress für die Tiere bedeutet.

Gerade bei Rassen mit langem Haar ist Fellpflege enorm wichtig
Foto: K. Hindrichs

Fiepen

Wenn ein Hamsterweibchen seine Jungen zur Welt gebracht hat, sind sie noch sehr unbeholfen und tollpatschig. Durch Fiepen stehen die Jungtiere mit der Mutter in akustischer Verbindung.

Film

Von „Rodenti Forschung" gibt es auf DVD den 20-minütigen Film „*Mesocricetus auratus*" zu kaufen, der die Suche nach freilebenden

Goldhamstern zeigt. Nähere Informationen unter: www.goldhamster-derfilm.de

Flankendrüse

Schon im Alter von ungefähr sechs Wochen fangen junge Hamster an, ihr Revier nicht nur mit Urin und Kot, sondern auch mit dem Sekret ihrer Flankendrüsen zu markieren, die beiderseits hinter den Rippenbögen liegen – leicht zu erkennen, weil hier keine Haare wachsen.

Forschung

An der Martin-Luther-Universität in Halle/Saale studieren Zoologen intensiv das Verhalten und die sonstige Biologie verschiedenster Hamsterarten.

Fortpflanzung

→ Paarung

Freilaufgehege

Im Handel gibt es Freilaufgehege für Hamster und andere Kleinnager. Sie bestehen aus Gitterelementen, die beliebig auf dem Boden aufgestellt werden können. In diese Gehege kann man beispielsweise Spielzeug und ein Laufrad stellen. Der Hamster hat dort genügend Auslauf und ist keinen Gefahren ausgesetzt, wie etwa einem Stromkabel. Doch Vorsicht: Viele Hamster lernen schnell, die senkrecht stehenden Gitter hochzuklettern und auszureißen. Daher sollten Sie den Hamster nie unbeaufsichtigt lassen.

Mit etwas Geschick lassen sich solche Gehege auch aus Spanplatten oder Bastlerglas bauen – bei ihnen besteht keine Ausbruchsgefahr.

Fühlen

Hamster fühlen Objekte sehr gut mit dem Tastsinn ihrer Hautoberfläche. Auch im Schlaf spüren sie, wenn man sie anfasst, und erwachen sofort. Im Schnauzenbereich besitzen sie zudem Tasthaare (Vibrissen), die am Ansatz ein Nervengeflecht aufweisen. Damit können sie sich gut orientieren.

Fütterungsplan

Jeder Tierhalter sollte einen Fütterungsplan individuell auf sein Tier abstimmen. Der folgende Fütterungsplan ist daher nur eine Empfehlung:

Fütterungsplan		
Täglich	Zweimal pro Woche	Wöchentlich
ca. 2 Esslöffel Hamsterfutter	Eiweißfutter	1–2 Erdnüsse in der Schale
ca. ein Esslöffel Zwerghamsterfutter		ein paar Sonnenblumenkerne
Frischfutter	Vitamin in Form von Pellets oder Tropfen	Vogelhirse
Heu		
Gesunde Leckerchen		

Futter

→ Hamsterfutter

Futternapf

Im Fachhandel gibt es für Hamster sehr schöne Futternäpfe aus Porzellan, glasiertem Ton oder Glas. Sie sind besser geeignet als Plastikfutternäpfe. Diese können nämlich angenagt werden – verschluckte Plastiksplitter können im Darm zu schweren Verletzungen und somit auch zum Tod des Hamsters führen.

Im Fachhandel gibt es sehr hübsche Näpfe zu kaufen Foto: Living World / Hagen

Praktische Futterbar für zwei Näpfe und Trinkflasche von Rodipet Foto: Rodipet

Futterschädlinge

Oft befinden sich Getreidemotten im Futter, manchmal ist es auch von einem Gespinst ihrer Raupen durchzogen. Ein freundlicher Zooverkäufer tauscht die Ware dann um. Er öffnet sie auch gern vor dem Kauf, damit Ihnen verunreinigtes Futter erspart bleibt. Um das Risiko so gering wie möglich zu halten, solche Insekten einzuschleppen, ist Hygiene sehr wichtig. Bewahren Sie das Futter am besten trocken in Vorratsdosen aus Plastik oder Blech auf. Die Firma JR Farm beispielsweise bietet ein Hamsterfutter in durchsichtiger Verpackung an. So können Sie gleich überprüfen, ob es frei von Schädlingen ist.

Futterumstellung

Eine plötzliche Futterumstellung kann beim Hamster zu Durchfall führen. Deshalb ist es ratsam, immer das alte Futter mit dem neuen zu mischen, wobei der Anteil des alten Futters höher sein sollte. Dann können Sie die Dosis des neuen Futters langsam steigern. Auf diese Weise ist die Umstellung für den Hamster unproblematisch. Fragen Sie beim Kauf eines Hamsters immer, welche Futtersorte er zuletzt bekommen hat.

Futterumstellungen sollten nie zu abrupt erfolgen
Foto: Thinkstock / iStock / wolfhound911

Gansu-Zwerghamster
→ *Cansumys canus*

Gebiss
→ Zähne

Geburt

Wenn sich das Weibchen auf die Geburt seines Nachwuchses vorbereitet, richtet es zunächst einmal einen geeigneten Nistplatz ein. Dieser wird mit passendem Material gut ausgepolstert. Wenn Ihr Hamster Junge erwartet, können Sie ihm beispielsweise kleine Stückchen unparfümierter Papiertaschentücher als Nistmaterial anbieten. Die Dauer der Trächtigkeit liegt beim Goldhamster bei 16 Tagen, bei anderen Arten bei ca. 17–22 Tagen. Während der Tragezeit empfiehlt sich eiweißreiche Nahrung. Achten Sie auch auf genügend Frischnahrung.

Während der Tragezeit sollte man den Hamster möglichst wenig stören. Besonders während der Geburt gilt es, für absolute Ruhe zu sorgen. Wenn dies nicht beachtet wird, kann die Geburt abgebrochen werden, oder das Weibchen kümmert sich nicht um seine Jungtiere, ja, es kann sie dann sogar auffressen.

In der Regel dauert die Geburt etwa eine Stunde. Ein Goldhamster bekommt durchschnittlich acht Junge, wobei die Zahl etwas variieren kann. Bei Zwerghamstern sind es meist 5–6 Jungtiere. Nach der Geburt verzehrt die Mutter

Frisch geborene Hamster und ihre Mutter sollte man so wenig wie möglich stören
Foto: Thinkstock / iStock / Renee Palermo

Fruchthülle und Nabelschnur. Sie beleckt ihre Jungen anfangs noch häufig, um deren Stoffwechsel anzuregen. Auch bleibt die Mutter in den ersten Tagen bei ihren Jungen, weil diese noch regelmäßig gesäugt und gewärmt werden müssen. Nach einer Woche bekommen die Jungen langsam ihr Fell.

Siehe auch
→Jungtiere

Gefährliches Spielzeug

Alle Gegenstände aus Plastik stellen eine Gefahr für den Hamster dar

Alle Gegenstände aus Plastik, beispielsweise Schlafhäuschen, stellen eine Gefahr für den Hamster dar, da sie angenagt werden können. Durch kleine, verschluckte Teilchen kann es zu inneren Verletzungen kommen. Auch Spielzeuge wie Jogging-Kugel (Hamster-Ball), Hamster-Auto und Röhrensysteme sollten nicht verwendet werden, da sie nicht artgerecht sind und den Hamster gefährden können.

Siehe auch
→ Jogging-Kugel
→ Hamster-Auto
→ Röhrensysteme

Gefahren

In der Tabelle sind einige Gefahrenquellen aufgeführt, die für Hamster bei einem Ausbruch aus ihrem Käfig oder einem unbeaufsichtigten Freilauf bedeutsam sein können. Und da ist so manches möglich: Es ist schon vorgekommen, dass ein Hamster im Kühlschrank saß, als der Halter diesen öffnete.

Gefahren	Folgen
Einklemmen in der Tür	Schwere Verletzungen bis zum Tod
Anknabbern von Stromkabeln	Stromschlag
Versteckt sich unter Schränken	Kann evtl. nicht gefunden werden
Giftige Zimmerpflanzen	Vergiftungen
Andere Haustiere	Kann gebissen oder getötet werden
Anknabbern von Plastikgegenständen	Gesundheitliche Risiken
Putzmittel	Vergiftung

Gehör

Hamster haben ein gutes Gehör. Sie können wie Fledermäuse auch im Ultraschallbereich hören und teilweise sogar kommunizieren.

Gemüse

Nach Möglichkeit sollten Sie Gemüse in Bio-Qualität verfüttern, da dieses ungespritzt ist. Sie können Gemüse täglich anbieten, sollten aber nur kleinere Mengen geben. Vergessen Sie nicht, am Morgen die Reste vom Vortag vollständig zu entfernen. Geeignetes Gemüse sind beispielsweise Möhre (ohne Kraut), Kürbis, rote und gelbe Paprika und Zucchini.

Geruchssinn

Sein Geruchssinn ist sehr gut ausgeprägt und ermöglicht dem Hamster eine hervorragende Orientierung. Beispielsweise findet er so seinen Geschlechtspartner.

Rote Paprika ist für Hamster als Futter sehr gut geeignet
Foto: Thinkstock / iStock / Svetlana Valuyskaya

Gesäuge-Entzündung

Nach der Geburt der Jungen können beim Hamster Gesäuge-Entzündungen entstehen. Auch bei einer Scheinträchtigkeit sind häufig entsprechende Symptome wie ein gerötetes und geschwollenes Gesäuge und Teilnahmslosigkeit des Tieres zu erkennen. Das entzündete Gesäuge fühlt sich hart an. Es kann sich auch ein Abszess entwickeln. Sie sollten mit einem betroffenen Exemplar den Tierarzt aufsuchen.

Hamster sollten niemals spontan verschenkt, sondern erst nach gründlichen Vorüberlegungen erworben werden
Foto: Thinkstock/Bananastock

Geschenk für Kinder

Grundsätzlich gilt: Niemals ein Tier ohne Absprache mit den Eltern verschenken, etwa zu Weihnachten oder zum Geburtstag. Vorher müssen einige Punkte geklärt werden. Hat das Kind überhaupt Interesse an einem Hamster? Besteht in der Familie eine Allergie gegen Tierhaare? Wer pflegt das Tier im Urlaub?

Wenn man vergisst, diese Dinge rechtzeitig zu besprechen, landet der Hamster später im Tierheim oder in einer Vermittlungsstelle.

Allerdings ist zu überlegen, ob ein Hamster überhaupt ein geeignetes Heimtier für (jüngere) Kinder ist, vergleiche dazu das Stichwort „Kinder und Hamster".

Siehe auch
→ Tierheim

Geschichte des Goldhamsters

Um den Goldhamster als Labortier einzuführen, wurde erstmals 1930 in Syrien ein Weibchen mit seinem Wurf aus elf Jungtieren gefangen und an der Hebräischen Universität Jerusalem vermehrt. Unglaublich, aber wahr: Von diesen Exemplaren stammen alle heute noch gehaltenen Goldhamster in Menschenobhut ab! Lediglich sehr selten wurden einige wenige weitere Wildfänge in die Zuchten eingekreuzt.

In Deutschland werden die Tiere seit 1949 gehalten, derzeit sind es hierzulande wohl rund eine Million.

Geschlechtsbestimmung

Männchen: Beim Männchen kann man die Hoden erkennen. Außerdem ist der Abstand zwischen After und Geschlechtsöffnung größer als beim Weibchen. Das Hinterteil des Männchens ist eher spitz zulaufend.

Weibchen: Das Weibchen besitzt zwei Zitzenreihen. Außerdem hat es eine etwas rundere Form. Nach der Nachbrunst hat das Weibchen einen etwas strengeren Geruch.

In den ersten Wochen nach der Geburt kann man die Geschlechter noch nicht so gut unterscheiden.

Geschlechtsreife

Beim Goldhamster beginnt die Geschlechtsreife in der 6.–8. Lebenswoche. Beim Dsungarischen und beim Campbell-Zwerghamster beginnt sie in der 5.–6. Woche, beim Roborowski-Zwerghamster in der 6.–8. Woche, beim Chinesischen Streifenhamster schon ab der 4. Lebenswoche.

Gesundheits-Check

Ein gesunder Hamster wird abends munter und erscheint wie gewohnt zum Fressen und Erkunden des Geheges. Er säubert sich regelmäßig und transportiert seine Nahrung in den Backentaschen. Er reagiert auf Geräusche. Die Augen sind sauber und frei von Ausfluss oder Verklebungen. Sein Fell ist nicht struppig und weist keine kahlen Stellen oder Verklebungen auf. Die Füße sind immer sauber. Seine Nase ist trocken. Auch die Afterregion ist trocken und sauber.

Häufig fällt dem Halter eine Krankheit leider erst dann auf, wenn sie schon so weit fortgeschritten ist, dass der Hamster überdeutliche Krankheitsanzeichen wie Gewichtsabnahme, Schwäche und Apathie zeigt.

Ein gesunder Hamster ist neugierig und aufgeweckt, frei von Verdickungen, besitzt klare Augen und ein glänzendes Fell
Foto: Thinkstock / Hemera / Eric Isselée

Führen Sie den Gesundheits-Check mindestens einmal pro Woche wie folgt durch:

- Gewichtskontrolle: Wiegen Sie das Tier und schreiben Sie sich das Gewicht auf.
- Kontrollieren Sie die Ohren, Augen und Schneidezähne. Die Schneidezähne müssen so zueinander stehen, dass sie sich gut abnutzen können. Die Vorderseite der oberen Schneidezähne sollte gelblich sein.
- Tasten Sie das Tier ab. Achten Sie hierbei auf Tumoren, Verdickungen, Druckempfindlichkeit am Bauch und Aufgasungen.
- Untersuchen Sie das Fell des Tieres. Kahle oder schorfige Stellen sind Anzeichen für einen Pilz- oder Parasitenbefall.
- Überprüfen Sie den After. Ein verschmutzer oder verklebter After ist ein Anzeichen für Magen/Darm-Probleme.

Regelmäßiges Wiegen hilft, gesundheitliche Probleme früh zu erkennen Foto: Wildlife

Gewichtsabnahme

Ein deutlicher Gewichtsverlust ist oft ein Anzeichen für eine Krankheit. Gewichtsschwankungen um 5 g pro Woche sind normal. Verliert der Hamster mehr Gewicht, weist das auf Krankheiten oder großen Stress hin. Stress entsteht beispielsweise durch einen Umzug in einen neuen Käfig oder an einen unbekannten Standort mit anderen Lichtverhältnissen. Auch Lärm tagsüber in der Ruhephase verursacht Stress und kann zu einer Gewichtsabnahme führen. Hat ein Hamster ein bestimmtes Alter erreicht, kommt es bei manchen Exemplaren trotz guter Futteraufnahme ebenfalls zu einem Gewichtsverlust, beim Goldhamster häufig ab dem zweiten Lebensjahr, bei Zwerghamstern etwas früher, etwa ab dem 15.–21. Monat.

Auch Lärm tagsüber in der Ruhephase verursacht Stress und kann zu einer Gewichtsabnahme führen

Giftige Pflanzen

Schnittblumen und Zimmerpflanzen können für Tiere giftig sein. Beim Freilauf sollten Sie daher immer darauf achten, dass sich alle Blumen außer Reichweite des Hamsters befinden und nicht angeknabbert werden können. Rechts einige Beispiele giftiger Pflanzen:

Beispiele für giftige Pflanzen
Alpenveilchen
Gummibaum
Amaryllis
Hyazinthe
Azalee
Kakteen
Christusdorn
Osterglocke
Chrysantheme
Passionsblume
Efeu
Primel
Farn
Weihnachtsstern

Goldhamster

→ *Mesocricetus auratus*

Grabmilbe

Diese Milbenart, Erreger der Sarcoptesräude, verursacht Krusten und weitere Hautveränderungen. Außerdem entsteht Juckreiz, und der Hamster verliert an Gewicht. Die Übertragung der Grabmilbe erfolgt durch engen Kontakt. Sie lebt auf der Oberhaut und legt ihre Eier in tiefen Gängen ab. Die Grabmilbe ist auch auf den Menschen übertragbar.

Siehe auch
→ Fellmilbe
→ Haarmilbe
→ Saugmilbe
→ Notoedresräude

Grauer Zwerghamster

→ *Cricetulus migratorius*

H

Haarmilbe (*Myocoptes musculinus*)

Diese Milbenart hat eine weiße Färbung und lebt im Fell des Hamsters. Sie legt ihre Eier am Haaransatz ab. Die Haarmilbe wird durch intensiven Kontakt übertragen. Ist der Hamster von dieser Milbe befallen, leidet er unter starkem Juckreiz und kratzt sich häufig. Dabei können kahle Stellen entstehen und die Haut kann gerötet sein.

Die Haarmilbe wird durch intensiven Kontakt übertragen

Siehe auch
→ Fellmilbe
→ Saugmilbe
→ Grabmilbe
→ Notoedresräude

Hamster

Die Hamster (Unterfamilie Cricetinae) zählen zur Familie der Wühler (Cricetidae) innerhalb der Überfamilie der Mäuseartigen (Muroidea):

Überordnung:	Euarchontoglires
Ordnung:	Nagetiere (Rodentia)
Unterordnung:	Mäuseverwandte (Myomorpha)
Überfamilie:	Mäuseartige (Muroidea)
Familie:	Wühler (Cricetidae)
Unterfamilie:	Hamster (Cricetinae)

Derzeit sind folgende Gattungen anerkannt:
• Kurzschwanz-Zwerghamster (*Phodopus*)
• Mittelhamster (*Mesocricetus*)
• Graue Zwerghamster (*Cricetulus*)
• Gansu-Zwerghamster (*Cansumys*)
• Rattenartige Zwerghamster (*Tscherskia*)
• Mittelgroße Zwerghamster (*Allocricetulus*)
• Großhamster (*Cricetus*)

Hamsterauto

Das Hamsterauto eignet sich ebenso wenig als Spielzeug wie die Jogging-Kugel (Hamster-Kugel). Siehe auch → Tierschutzwidriges Zubehör

Hamster-Club

Rund um die beliebten Tiere haben sich etliche Clubs gebildet, wie beispielsweise:

www.hamster-club.com (englischsprachige, informative Seite)

www.hamsterclub-germany.com (mit Züchter-Adressen)

www.hamsterfanclub.de (es besteht die Möglichkeit einer kostenlosen Mitgliedschaft)

Hamsterfutter

Fertige Futtermi-schung, u. a. mit ge-trockneten Insekten
Foto: Rodipet

Das im Handel angebotene Hamsterfutter verschiedener Firmen enthält meist eine ausgewogene Mischung der Inhaltsstoffe. Achten Sie darauf, dass es frei von Zucker, Honig und Salz ist. Es ist sehr wichtig, vor dem Kauf auf der Verpackung nachzulesen, wie das Futter zusammengesetzt ist. In sogenannten Futterbars wird das Futter in loser Form angeboten – hier kann es allerdings leicht von Bakterien oder → Futterschädlingen besiedelt werden.

Wenn man das Futter für den Hamster oder Zwerghamster selber mischen möchte, sollte man sich mit den Bedürfnissen der kleinen Nager sehr gut auskennen und genau wissen, wie ihre Nahrung zusammengesetzt sein sollte.

Siehe auch
→ Ernährungsplan

Hamsterklo

Viele Hamsterhalter bieten ihrem Tier ein Hamsterklo an, auch Nagertoilette genannt. Meist handelt es sich dabei um eine Ecktoilette aus Plastik oder Keramik, mit oder ohne Deckel. Das Klo wird vom Hamster in der Regel gern genutzt und sollte täglich gereinigt werden.

Hamsterklo-Einstreu

Es gibt spezielle Einstreu für Hamsterklos, etwa „Habitrail Hamster Einstreu" der Firma Hagen. Solche Einstreu klumpt sehr gut, was die Reinigung erleichtert, und sie ist geruchsbindend.

Manche Hamsterhalter bieten als Substrat Chinchilla-Sand an, der allerdings eher zum Buddeln als für die Toilette geeignet ist.

Vogelsand ist nur geeignet, wenn der Anteil an Anis nicht zu hoch ist. Um Verletzungen zu vermeiden, ist darauf zu achten, dass der Sand keine Muschelstückchen oder Ähnliches enthält. Vogelsand wird vom Hamster in der Regel gern angenommen.

Hamster-Spiel

Von Haber Spiele gibt es ein Spiel für 2–4 Spieler namens „Hamsterkauf". Bei einer Spieldauer von 10–15 Minuten geht es um turboschnelles genaues Zählen.

Hamsterwatte

In Streifen gerissene Kosmetik- oder Küchentücher sind als Nistmaterial besser geeignet als Hamsterwatte Foto: Thinkstock/iStock/EuToch

Beim Thema Hamsterwatte scheiden sich die Geister. Die einen sind dagegen, weil sie meinen, der Hamster könne mit den Füßen darin hängen bleiben und sich dabei seine Zehen abreißen. Außerdem besteht die Gefahr, dass Jungtiere sich darin verfangen. Die anderen befürworten Hamsterwatte als geeignetes Nist- und Schlafmaterial. Wenn man nicht auf Hamsterwatte verzichten möchte, sollte sie gut verdaulich sein (keine Watte für kosmetische Zwecke verwenden!). Insgesamt ist sie aber eher nicht zu empfehlen. Alternativ kann man Heu, unparfümierte Taschentücher (in Streifen), Kosmetiktücher, Küchentücher usw. anbieten.

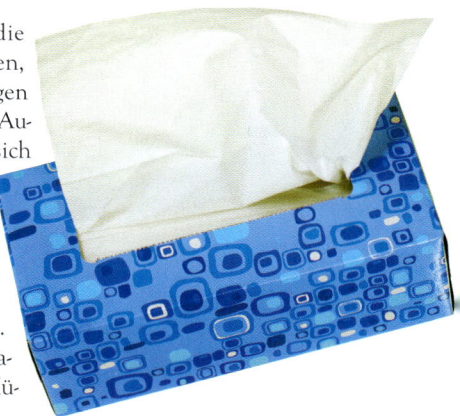

Siehe auch
→ Heu

Hautpilz

Wenn sich Ihr Hamster ständig kratzt und haarlose Stellen auf der Haut zu sehen sind, kann dies bedeuten, dass er einen Hautpilz hat. Die Haut wird dann rot, und es bilden sich Krusten.

Um die Entstehung eines Hautpilzes zu verhindern, sollte eine zu hohe Feuchtigkeit vermieden werden. Da der Hautpilz über-

Gehen Sie unbedingt zum Tierarzt, wenn Ihr Hamster Symptome eines Hautpilzes zeigt

tragbar ist, sollten Sie im Krankheitsfall besonders auf Hygiene achten und mit Einweghandschuhen arbeiten. Gehen Sie unbedingt zum Tierarzt, wenn Ihr Hamster Symptome eines Hautpilzes zeigt.

Heimtiere, andere

Es ist nicht empfehlenswert, Hamster beim Freilauf mit anderen Heimtieren zusammenzulassen. Hamster mögen keine Gesellschaft.

Bei Hunden und Katzen wird der natürliche Jagdtrieb geweckt, wenn sie einem Hamster begegnen. Dies kann im schlimmsten Fall tödlich für den Nager enden. Lassen Sie deshalb Hund oder Katze nicht mit dem Hamster zusammenkommen. Katzen können zudem sehr hoch springen und dann durch die Gitter selbst eines hoch aufgestellten Käfigs nach dem Hamster greifen. Kaninchen und Meerschweinchen sind zwar sehr friedliebend, sie können den Hamster aber aufgrund ihrer Größe verletzten. Für Reptilien wie etwa Schlangen ist der Hamster eine Beute, daher dürfen sie niemals zusammengelassen werden, auch nicht unter Aufsicht! Heimvögel, insbesondere große Papageien, können den Hamster mit ihrem kräftigen Schnabel erheblich verletzen. Der gesellige Wellensittich ist in der Regel sehr friedlich – allerdings könnte der Hamster „zuschnappen", wenn der Wellensittich mit ihm spielen will. Mit Ratten und Mäusen verstehen Hamster sich überhaupt nicht.

Sieht putzig aus, kann aber für den Hamster tödlich enden!
Foto: Thinkstock/ iStock/Sinense

Herzfrequenz

Der Goldhamster hat eine Herzfrequenz von 250–470 Herzschlägen, bei Zwerghamstern sind es je nach Art etwa 500–560. Zum Vergleich: Das Herz eines gesunden Erwachsenen schlägt 50–100 Mal pro Minute.

Heu

Heu hat einen sehr hohen Rohfaseranteil und fördert somit die Verdauung der Nager. Auch wenn Hamster das Heu oft nicht fressen, sollte es zumindest zur Verfügung stehen. Die kleinen Nager polstern nämlich ihren Schlafplatz damit aus. Heu gibt es auch mit verschiedenen

Zusätzen wie beispielsweise Apfelstückchen, Löwenzahn usw.

Hitzschlag

Hamster besitzen keine Schweißdrüsen und sind sehr hitzeempfindlich. Zu einem Hitzschlag kann es vor allem dann kommen, wenn ihre Behausung direkt am Fenster in der Sonne steht oder der Hamster in einer kleinen Plastik-Transportbox im aufgeheizten Auto mitgenommen wird. Unruhe des Hamsters könnte ein Symptom für einen Hitzschlag sein. Es können Gleichgewichtsstörungen, Apathie oder Muskelschwäche auftreten, gefolgt von einem Schock oder Schlimmerem. Betroffene Tiere sollten unverzüglich dem Tierarzt vorgestellt werden.

Ich möchte Ihnen ein Beispiel für die Zusammensetzung von Heu vorstellen:

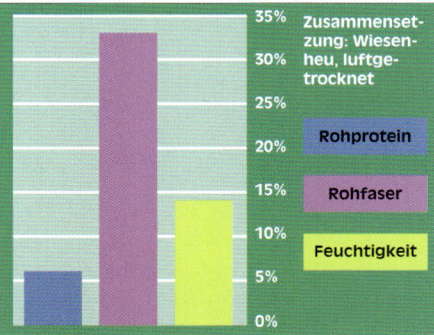

Homöopathie

Der Arzt und Apotheker Samuel Hahnemann (1755–1843) stellte bei Selbstversuchen die Grundannahme auf, dass man Ähnliches mit Ähnlichem heilen könne (Ähnlichkeitsgesetz). Diese Annahme bildet die Grundlage der Homöopathie. Zudem stellte er die These auf, dass man mit diesem Prinzip nicht nur Krankheiten bekämpfen, sondern auch die Psyche beeinflussen könne. Ein belastbarer Nachweis für eine Wirksamkeit homöopathischer Arzneimittel, die über den Placebo-Effekt (Scheinarzneimittel) hinausgeht, konnte bislang allerdings nicht erbracht werden.

Ein Nachweis für eine Wirksamkeit homöopathischer Arzneimittel konnte bislang nicht erbracht werden.

Homöopathische Arzneien werden beispielsweise aus Pflanzen, Mineralien und Organpräparaten gewonnen. Diese Grundstoffe werden dann weiter aufbereitet. Homöopathische Mittel können als Globuli (Streukügelchen) aus Milchzucker sowie als Tropfen, Tabletten, Salbe oder in Ampullen erworben werden. Man kann sie als Kombinationsmittel oder Einzelstoffe anwenden. Hier helfen erfahrene Tierärzte oder Tierheilpraktiker weiter.

Siehe auch
→ Tierheilpraktiker
→ Naturheilkunde

Diese Hamstermutter trägt ihr ausgebüchstes Junges wieder zurück ins Nest
Foto: Thinkstock / iStock / Svetlana Valuyskaya

Impfen

Ein Hamster benötigt keine Impfungen.

Inzucht

Wenn man Hamster züchten möchte, sollte man möglichst nicht unmittelbar miteinander verwandte Exemplare verpaaren, da es sonst zu Inzucht kommt. Folge können schwächliche und kränkliche Tiere sein.

Jogging-Kugel

Eine Jogging-Kugel (auch Hamsterball genannt) ist für Hamster völlig ungeeignet. Der Hamster wird in diese fast geschlossene Kugel gesetzt und beginnt zu laufen. Er kann die Kugel kaum abbremsen und stößt deshalb immer wieder gegen Wände oder Möbel. Dabei kann er sich leicht verletzen. Die kleinen Schlitze in der Kugel lassen kaum Luft hinein. Der Hamster bleibt mit seinen Füßen in diesen Luftschlitzen hängen und kann sich dann ebenfalls Verletzungen zuziehen.

Juckreiz

→ Milben

Jungtiere

Ein positiver Entwicklungsverlauf der Goldhamster-Jungtiere hängt entscheidend vom Grad der Inzucht und den Haltungsbedingungen ab. Nach der Geburt wiegen junge Hamster ungefähr 2 g. Sie sind noch nackt und blind. Ihre Schneidezähne sind schon vorhanden. Die Fellbildung beginnt etwa ab dem fünften Lebenstag. Nach ungefähr zehn Tagen verlassen die kleinen Hamster ihren Schlafplatz und beginnen langsam, ihre Umgebung zu erkunden. Jetzt kann man auch sehr gut die Nagezähne erkennen. Nach ungefähr 21 Tagen erfolgt die Trennung der Jungtiere von der Mutter. Zu diesem Zeitpunkt wiegen die kleinen Hamster um die 30-55 g. Die Haupt-wachstumsphase der Hamster liegt ungefähr zwischen dem 15. und dem 35. Lebenstag.

Nach der Geburt wiegen junge Hamster ungefähr 2 g. Sie sind noch nackt und blind

Beim Chinesischen Zwerghamster beginnen die Jungtiere am 7.–9. Lebenstag, feste Nahrung und auch den Kot der Elterntiere aufzunehmen. Während der zweiten Hälfte der Säugezeit empfiehlt es sich, den jungen Zwerghamstern Futter und Wasser zur Verfügung zu stellen. Mit 21 Tagen werden die Chinesischen Zwerghamster mit einem Gewicht von ungefähr 15–22 g von der Mutter getrennt.

Siehe auch
→ Geburt

Käfig

Als Käfig-Mindestmaße für einen Goldhamster werden häufig 100 x 50 x 50 cm (Breite x Tiefe x Höhe) und für Zwerghamster 80 x 50 x 50 cm empfohlen. Bei diesen Angaben handelt es sich allerdings um ein absolutes Existenzminimum, und sie gelten nur für Tiere, die zusätzlich viel Auslauf erhalten. Die genannten Mindestmaße orientieren sich im Wesentlichen an den derzeit im Zoofachhandel erhältlichen Käfigen. Tiergerechter und wirklich empfehlenswert sind Gehege, die Gold- und Zwerghamstern eine Grundfläche von mindestens 1 m² und eine Höhe von mindestens 60 cm bieten und mit mehreren Häusern, Höhlen, einer hohen Einstreu und großzügigen Etagen eingerichtet werden können.

Gitterstäbe sind empfehlenswert, da der Käfig dann gut durchlüftet wird. Sie haben aber den Nachteil, dass der Hamster einiges an Streu aus dem Käfig scharrt. Bei höheren Gitterkäfigen sollten Etagen vorhanden sein, die durch Leitern verbunden sind. Gehege für Goldhamster sollten einen Gitterabstand von 0,8–1,2 cm haben, da die Hamster sich ansonsten dazwischen durchquetschen können. Käfige für Campbell-Zwerghamster, Dsungarische Zwerghamster und Chinesische Streifenhamster sollten ca. 0,8 cm Gitterabstand aufweisen, wobei der Gitterabstand bei adulten Tieren auch 1 cm betragen darf. Roborowski-Zwerghamster benötigen Käfige mit einem Gitterabstand von 0,6–0,8 cm.

Aquarien bieten die Möglichkeit, Campbell-Zwerghamster gut zu beobachten
Foto: S. Krah

Deutlich tiergerechter als handelsübliche Käfige sind Eigenbauten, da Sie diese speziell den Bedürfnissen Ihres Hamsters entsprechend anfertigen können. Sie können einen Eigenbau ausreichend groß konzipieren und dabei auch Zonen für eine hohe Einstreu zum Graben einplanen. Darüber hinaus können selbst gebaute Gehege dekorativ in die Wohnung integriert werden. Hilfreiche Anleitungen für Eigenbauten finden Sie in der Fachzeitschrift RODENTIA und im Internet.

Weitgehend geschlossene Käfige aus Kunststoff sind für Hamster nicht geeignet, da sie den Nachteil haben, dass die Luftzirkulation sehr schlecht ist. Im Sommer kann es darin sogar zum Hitzestau kommen.

Umgerüstete Aquarien oder Nagerterrarien eignen sich hingegen sehr gut als Hamsterheim. Auf eine ausreichende Belüftung ist auch hier unbedingt zu achten.

Alle Gehege, auch Eigenbauten oder Terrarien/Aquarien, benötigen einen Deckel, da einige Hamster Fluchtwege finden und aus ihrem Gehege klettern.

Siehe auch
→ Terrarien

Karotten
→ Möhren

Kauf

Es gibt einige Möglichkeiten, seinen Hamster zu erwerbein: über Hamsterhilfen, im Tierheim, durch private Vermittlung, im Zoofachhandel, direkt beim Züchter und auch aus Kleinanzeigen.

Wo soll man seinen Hamster erwerben? Es gibt folgende Möglichkeiten:

Hamsterhilfen: In verschiedenen Bundesländern gibt es Hamsterhilfen, oft mit eigenen Internetforen. Dort werden die Hamster gegen eine geringe Schutzgebühr und einen Schutzvertrag in gute Hände vermittelt.

Tierheim: Leider landen Hamster oft im Tierheim. Wer hier ein Exemplar mitnehmen möchte, füllt einen Info-Bogen mit Angaben zur Person und zur beabsichtigten Haltung des Hamsters aus. Die Schutzgebühr liegt meist bei 10 €.

Private Hamstervermittlung: Dort werden Tiere aus schlechter Haltung oder auch ungewollte Tiere gegen eine geringe Schützgebühr (meist um die 5 €) weitervermittelt. Ein Schutzvertrag ist Bedingung, um den Hamster zu übernehmen. Hierin wird beispielsweise festgehalten, dass der Hamster nicht weitervermittelt werden darf und dass der private Vermittler die Haltung des Hamsters nach Terminabsprache kontrollieren kann. Ist der Wohnsitz des neuen Besitzers weiter entfernt, wird der Transport des Hamsters oft per Mitfahrzentrale organisiert. Wer einen privat vermittelten Hamster oder ein Exemplar aus dem Tierheim aufnimmt, gibt ihm die Chance auf ein glücklicheres Leben.

Zoofachhandel: In Zoogeschäften werden Hamster häufig in kleinen Gruppen in Terrarien gehalten. Die Tiere werden teilweise nicht nach Geschlechtern getrennt, wodurch es zu ungeplantem Nachwuchs kommen kann. Die Preise hängen u. a. von der Art und Farbe der Hamster ab. Meist werden nur Jungtiere angeboten.

Züchter: Züchter haben sich oft auf eine oder zwei Hamsterarten und -farben spezialisiert. Meist wird man gut beraten und erhält beim Kauf eine Abstammungsurkunde. Auch hier bietet sich bei weiten Entfernungen an, den Transport via Mitfahrzentrale zu organisieren.

Kleinanzeigen: Ob in Tageszeitungen oder im Internet, z. B. unter www.rodentia-magazin.de, es gibt immer wieder Kleinanzeigen, in denen Hamster angeboten werden, meist mit Käfig und Zubehör. Am besten schaut man sich das Tier und die Haltungsbedingungen vor Ort an.

Kham-Zwerghamster
→ *Cricetulus kamensis*

Kinderbücher
Es gibt eine Reihe von Kinderbüchern zum Thema Hamster, hier eine Auswahl:

Anger-Schmidt, Gerda	Krisen (als Audio-Book erhältlich)
Ein Hamster für Lisa	Hamster Hektor – Oma im Anmarsch
Ein Hamster in der Krippe	(als Audio-Book erhältlich)
Bleniek, Christian	Hamster Hektor – Eieralarm - Hier
Hamster Hektor – Die Laufrad-Ver-schwörung	spricht Hamster Hektor – Der Mattscheiben-König
Hamster Hektor – Katz oder Maus (als Audio-Book erhältlich)	**Birney, Betty G.**
Hamster Hektor – Ein Rollmops auf vier Pfoten	Rocky – Ein Hamster tobt durchs Klassenzimmer
Hamster Hektor – Chaos im Käfig	Rocky – Ein Hamster räumt auf
Hamster Hektor – Hunde und andere	**Braun, Rita:** Hamster, Katz & Co: Das kleine Haustierquiz

Siehe auch
→ Unterrichtsmaterial

Kinder und Hamster

Beim Thema Kinder und Hamster gehen die Meinungen weit auseinander

Beim Thema Kinder und Hamster gehen die Meinungen weit auseinander. Die einen sagen, mit der Hamsterhaltung lerne ein Kind, Verantwortung für ein Tier zu übernehmen, die anderen meinen dagegen, ein Hamster sei als Heimtier für ein Kind nicht geeignet, da er als nachtaktiver Nager am Tag seine Ruhe braucht.

Meiner Meinung nach gehört ein Hamster nicht in die Hand jüngerer Kinder und auch nicht ins Kinderzimmer, da er dort die Nachtruhe der Kinder stört. Wenn sich das Kind am Tag mit dem Hamster beschäftigen möchte, schläft er und darf auf keinen Fall geweckt werden, denn das würde Stress für das Tier bedeuten. Lebt ein Hamster in einer Familie, bei der sein Käfig beispielsweise im Wohnzimmer steht, ist es sicherlich für das Kind interessant, den Hamster abends vor dem Schlafengehen zusammen mit einem Erwachsenen zu füttern oder ihm ein Leckerchen zu geben.

Die Ansichten, ab welchem Alter ein Kind ein Tier wie einen Hamster pflegen kann, sind unterschiedlich. Ein Mindestalter von 11–12 Jahren wird meist empfohlen.

Siehe auch:
→ Geschenk für Kinder
→ Trauer bei Kindern

Kleintiergras

Kleintiergras, beispielsweise von der Firma TRIXIE, ist eine Getreidesaat zum Selbstziehen in der Schale. Meist handelt es sich um ein Komplettset in der 100-g-Schale. Bieten Sie Hamstern die Keimlinge nur in geringen Mengen an.

Knabberstangen

Im Zoofachhandel werden verschiedene Knabberstangen für Nager und

Bei Knabberstangen muss der Hamster sein Futter erarbeiten
Foto: Thinkstock/ iStock/VeryOlive

speziell auch für Hamster angeboten. Es gibt die Stangen in mehreren Geschmacksrichtungen, wie beispielsweise Nuss, Gemüse oder Apfel. Der Vorteil der Knabberstangen ist, dass der Hamster sein Futter „erarbeiten" muss, was gut für seine Zähne ist und außerdem eine artgerechte Beschäftigung darstellt. Nachteilig ist natürlich in den Stangen enthaltener Honig, der dem Hamster nicht gut bekommt. Geben Sie deshalb solche Knabberstangen nur sehr selten als Leckerchen oder achten Sie auf Sorten ohne Honig bzw. Zuckerzusätze.

Knabberzweige

Sehr empfehlenswert ist es, dem Hamster ungespritzte Knabberzweige anzubieten, beispielsweise von Apfelbaum oder Birke. Knabberzweige gibt es auch in gut sortierten Zoofachgeschäften zu kaufen. Sie sind gut für die Zähne und eine sinnvolle Beschäftigung für den Hamster.

Siehe auch
→Zähne

Knochenbrüche

Knochenbrüche (Frakturen) entstehen oft durch Stürze oder manchmal auch, wenn der Hamster irgendwo mit seinen Krallen hängen bleibt, beispielsweise am Käfiggitter. Weil ein Hamster einen Aufprall wegen seiner relativ kleinen Beinchen nicht gut abfangen kann, kommt es häufig zu Brüchen an Beinen, Becken oder an der Wirbelsäule. Zudem kann sich der Hamster innere Verletzungen zuziehen.

Ein Symptom für gebrochene Extremitätenknochen ist, dass der Hamster langsam geht oder hinkt. Sie sollten dann vorübergehend Klettergegenstände wie beispielsweise Hängebrücken entfernen, da sich Ihr Hamster sonst durch Stürze weitere Brüche zuziehen könnte. Lassen Sie den Hamster möglichst in Ruhe, damit er sich nicht viel bewegt. Suchen Sie bei einem Knochenbruch Ihres Hamsters unbedingt einen Tierarzt auf.

Knurren, Brummen, Fauchen

Wenn der Hamster diese Lautäußerungen zeigt, fühlt er sich bedroht und hat Angst.

Körpergewicht

Goldhamster	weiblich	90–160 g
	männlich	80–150 g
Dsungarischer Zwerghamster		30–50 g
Roborowski-Zwerghamster		20–30 g
Campell-Zwergamster		30–50 g
Chinesischer Streifenhamster		30–45 g

(EWRINGMANN & GLÖCKNER 2008)

Körpersprache

Hamster drücken sich durch
ihre Körpersprache
und ihr Verhalten aus.

Siehe
→Kriechen
→Männchenmachen
→Ohren, aufgerichtete
→Ohren, angelegte
→Recken und strecken
→Wühlen und springen

Seine Körpersprache sagt viel über
das aktuelle Empfinden eines
Hamster aus
Foto: Thinkstock/ iStock/Eric Isselée

Körpertemperatur

	Goldhamster	37–39,0 ˚C
	Dsungarischer Zwerghamster	37,5–39,0 ˚C
	Campell-Zwerghamster	37,5–39,0 ˚C
	Roborowski-Zwerghamster	37,5–39,0 ˚C
	Chinesischer-Streifenhamster	37,5–39,0 ˚C

Kolbenhirse

Wenn Sie Ihrem Hamster ein Leckerchen geben wollen, können Sie ihm einmal in der Woche etwas Kolbenhirse anbieten – nicht öfter, da sie sehr energiereich ist. Sie ist in Fachgeschäften in Form von Rispen erhältlich. Achten Sie beim Kauf darauf, dass es sich um goldgelbe Hirse handelt und nicht um rote. Diese ist etwas fetthaltiger und soll zudem einen bitteren Geschmack haben.

Viele Sorten Kräcker für Hamster werden angeboten. Hier als Beispiel die Zusammensetzung zweier Sorten von Vitakraft - natürlich gibt es vergleichbare Produkte auch von anderen Herstellern.

Kräcker

Kräcker Klassik 3er
• **Multi-Vitamin** • **Honig** • **Frucht**
Mischfuttermittel für Hamster

Zusammensetzung: *Mit Farbstoffen und Konservierungsmitteln*
• **Multivitamin:** Getreide, Saaten, pflanzliche Nebenerzeugnisse, Mineralstoffe, Honig, Eier und Eierzeugnisse

• **Honig:** Getreide, pflanzliche Nebenerzeugnisse, Saaten, Nüsse, Mineralstoffe, Gemüse, Honig (0,3 %)

• **Frucht:** Getreide, pflanzliche Nebenerzeugnisse, Mineralstoffe, Früchte (1 %), Honig

Ernährungsphysiologische Zusatzstoffe/kg:

Multivitamin		Honig		Frucht	
Vitamin A	12.379 IE	Vitamin A (E672)	8.793 IE	Vitamin A	8.793 IE
Vitamin D3	879 IE	Vitamin D (E671)	879 IE	Vitamin D	879 IE
Vitamin E	127,5 mg	Vitamin E	78,7 mg	Vitamin E	78,7 mg
Eisen	114 mg				

Kräcker Klassik Nuss / Bunte Hirse
Mischfuttermittel für Hamster

Zusammensetzung: *Mit Farbstoffen und Konservierungsmitteln*
Getreide (Hirse, bunt 1,6 %), Nüsse (Erdnusskerne 16,3 %), Pflanzliche Nebenerzeugnisse, Mineralstoffe, Honig

Ernährungsphysiologische Zusatzstoffe/kg:

Vitamin A	8.793 IE
Vitamin D3	879 IE

Mit Farbstoffen und Konservierungsmitteln

Krankheitssymptome

Bei folgenden Krankheitssymptomen sollten Sie Ihren Hamster einem Tierarzt vorstellen:

- Ausfluss von Sekret an Nase und Augen
- Appetitlosigkeit
- Atemgeräusche, Husten oder Niesen
- Ungepflegtes Fell
- Ständiger Juckreiz
- Krusten oder Schorf an Augen, Nase oder Ohren
- Sehr langsames Gehen oder Nachziehen eines Beines
- Apathie
- Schwellungen auf der Haut
- Schmieriger oder feuchter After
- Durchfall
- Starke Gewichtsschwankungen
- Zu lange Schneidezähne

Kriechen

Beim Kriechen sind die Ohren des Hamsters nach hinten gerichtet, und er bewegt sich eng an den Boden gedrückt fort. Dies sind Anzeichen dafür, dass er Angst hat. Jetzt sollten Sie sich nicht mit ihm beschäftigen. Es ist gut, wenn er eine Rückzugsmöglichkeit hat, wie beispielsweise ein Häuschen oder einen Tunnel.

Kriecht der Hamster mit angelegten Ohren, ist das ein Zeichen dafür, dass er Angst hat

Kronismus

Kronismus bedeutet, dass ein Elternteil seine Jungen auffrisst. Dazu kann es beispielsweise kommen, wenn das Muttertier kurz vor oder nach der Geburt unter Stress steht, etwa wenn Streu ausgewechselt wird, bevor die Jungen von der Mutter entwöhnt sind. Ein weiterer Grund kann ein Mangel an Eiweiß sein. In der Zeit vor und nach der Geburt ist der Eiweißbedarf beim Hamsterweibchen höher als sonst, und es deckt ihn im Extremfall, indem es seinen Nachwuchs verzehrt.

Siehe auch
→Geburt

Ladakh-Zwerghamster
→ *Cricetulus alticola*

Lärm
→ Standort des Käfigs

Langschwanz-Zwerghamster
→ *Cricetulus longicaudatus*

Laufrad

Ein artgerechtes Laufrad kann viel zur gesunden Beschäftigung des Hamsters beitragen. Es sollte eine geschlossene Lauffläche aufweisen, also keine Speichen besitzen, da der Hamster sonst mit seinem Fuß hängen bleiben und sich verletzen kann. Das Laufrad muss einen festen Stand haben, damit es nicht umkippt und auf den Hamster fällt. Auch ist darauf zu achten, dass es nicht zu klein ist, weil der Hamster sonst Rückenschäden bekommen kann. Bei Mittelhamstern sollte das Laufrad einen Durchmesser von ungefähr 30 cm aufweisen, bei Zwerghamstern genügt hingegen schon ein Durchmesser von etwa 20 cm. Die Laufräder werden in verschiedenen Varianten im Fachhandel angeboten. Empfehlenswert sind Modelle mit geschlossener Lauffläche.

Links: Laufrad-Modell von Trixie Foto: Trixie

Rechts: Laufrad-Modell von Rodipet Foto: Rodipet

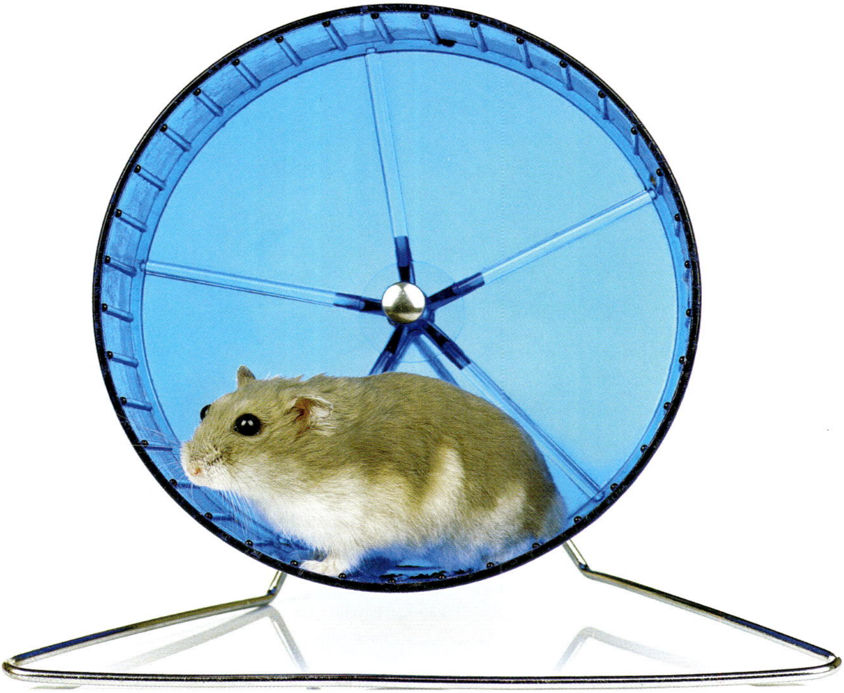

Laufräder sollten eine geschlossene Lauffläche aufweisen
Foto: Thinkstock/iStock/Andy Lidstone

Lebenserwartung

Die Lebenserwartung des Goldhamsters liegt bei 2–3 Jahren, in seltenen Fällen erreichen die Tiere auch ein Alter von vier Jahren. Die Lebenswartung von Zwerghamstern ist je nach Art unterschiedlich, einige Beispiele finden Sie in der Tabelle.

Dsungarischer Zwerghamster	2–3 Jahre
Roborowski-Zwerghamster	1,5–2 Jahre
Campell-Zwerghamster	2–3 Jahre
Chinesischer-Streifenhamster	1,5–3 Jahre
(Ewringmann, A., Glöckner B., 2008)	

Leckerbissen

→ Belohnung

Löwenzahn

Eine Abwechslung im Speiseplan des Hamsters bietet frischer
oder getrockneter Löwenzahn. Es
ist nicht empfehlens-
wert, den
Löwen-
zahn am
Straßen-
rand oder im
Park zu sam-
meln, denn er
könnte mit Hundekot
oder Schadstoffen ver-
unreinigt sein.

Lymphozy-
täre Cho-
riomeningitis
(LCM)

Hierbei handelt es sich um eine Virus-
infektion, an der hauptsächlich Jungtiere
im Alter von 4–6 Wochen erkranken.
LCM ist ansteckend und wird über Harn,
Kot oder Speichel übertragen. Auch Parasiten,
beispielsweise Flöhe oder Läuse, können LCM
weitergeben. Die Krankheit verläuft ohne erkennbare
Symptome. Meist stirbt der junge Hamster nach
kurzer Zeit.

**Frischer oder getrock-
neter Löwenzahn ist
für Hamster eine ge-
sunde Abwechslung
im Speiseplan!**
Foto: Thinkstock/
iStock/Thomas Biegalski

Lymphozytäre Choriomeningitis (LCM)
beim Menschen

Die Lymphozytäre Choriomeningitis (LCM) kann auch auf den
Menschen übertragen werden. Anzeichen dieser Krankheit sind
grippeähnliche Symptome wie Fieber, Kopf- und Gliederschmerzen.
Während der Schwangerschaft kann es zu Fruchtmissbildungen
und Fehlgeburten kommen.

Beim Männchenma-
chen kann sich dieser
Feldhamster prima ori-
entieren
Foto: Thinkstock/
iStock/lepas2004

M

Männchenmachen

Dabei stellt sich der Hamster auf die Hinterbeine, die Vorderbeine nach vorne gerichtet. So kann er sich gut orientieren.

Malen nach Zahlen „Hamster"

„Mucki, der blinde Passagier" heißt das Bild von Schipper für Kinder ab acht Jahren. Auch mancher Erwachsene hat Spaß daran. Das Bild ist 24 x 30 cm groß. Die Vorlage stammt von Bernd Rüttiger. Auch die Firma Ravensburger hat ein Hamster-Malbild in ihrem Programm, es misst 8,5 x 12 cm.

Mario Moreno

Aus der Kollektion von Mario Moreno sind Accessoires mit Goldhamster-Motiv erhältlich, etwa eine Geldbörse, eine Handtasche oder ein Schminktäschchen.

Medikamenten-Eingabe

Mit Milchzucker gesüßte naturheilkundliche Globuli werden in der Regel gern von Hamstern angenommen. Braucht der Hamster Tropfen, so kann man ihm diese mit einer Einwegspritze (ohne Nadel!) oral verabreichen. Tabletten kann man pulverisieren und in etwas Wasser gelöst ebenfalls mit einer nadelfreien Spritze geben.

Hamster-Malbild nach Zahlen von Ravensburger Foto: Ravensburger

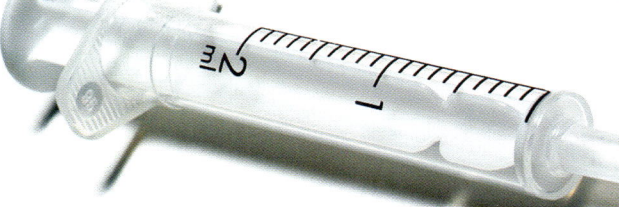

Medikamente kann man mit einer Einwegspritze ohne Nadel verabreichen Foto: Thinkstock/ iStock/Roman Borodaev

Mehlwürmer

Hamster mögen gern Mehlwürmer, die Larven des Mehlkäfers. Diese enthalten viel Eiweiß, sind allerdings sehr fetthaltig. Deshalb sollten Mehlwürmer nur ein- bis zweimal pro Woche verfüttert werden. Wenn der Hamster zutraulich ist, können Sie die Mehlwürmer auch mit der Hand geben. Wer Mehlwürmer nicht anfassen mag, kann eine Pinzette nehmen. Mehlwürmer gibt es im Zoofachgeschäft oder im Angelshop zu kaufen.

Siehe auch
→Eiweißfutter

Mehlwürmer sollten nicht zu oft verfüttert werden Foto: Thinkstock/iStock/Eric Isselée

Mesocricetus auratus (Goldhamster)

Der Goldhamster gehört zur Gattung der Mittelhamster. Sein Hauptverbreitungsgebiet befindet sich in der Gegend von Aleppo im Norden Syriens. Wildlebende Goldhamster sind heute überwiegend Kulturfolger, leben dementsprechend auf fruchtbaren Äckern und ernähren sich von Getreide, Kichererbsen, Linsen etc.

Goldhamster sind 12–16 cm lang, ihr Schwanz misst weitere 1,3–1,5 cm. Ihr Fell ist auf der Oberseite goldbraun bis rotbraun, auf der Unterseite weißlich. Die Brust ist dunkelbraun, mit einem weißen Längsband. Durch Zucht sind viele Farbschläge und auch Goldhamster mit längeren Haaren entstanden (Teddyhamster). Männchen sind leichter als die bis zu 180 g schweren Weibchen.

Da Goldhamster von Natur aus Einzelgänger sind, empfiehlt es sich nicht, sie in Gruppen oder als Paare zu halten. Wenn dies versucht wird, kommt es bei ihnen zu Aggressionen und Beißereien.

Mesocricetus brandti (Türkischer Hamster)

Der Türkische Hamster ist nahe mit dem Goldhamster verwandt. Er wird ungefähr 17 cm lang und 130 g schwer. Seine Heimat sind die Türkei, Armenien, Georgien, Aserbaidschan, der Nordwesten des Iran sowie der Süden Daghestans.

Mesocricetus newtoni (Rumänischer Hamster)

Mit einer Kopf-Rumpf-Länge von bis zu 17 cm ist der Rumänische Hamster etwa so groß wie der Syrische Goldhamster. Er ist oberseits graubraun gefärbt, ein schwarzer Aalstrich reicht bis zur Mitte des Rückens. Unter den Ohren erstreckt sich ein ebenfalls schwarzer Streifen. Kehle und vorderer Brustbereich sind schwärzlich braun, ansonsten ist die Bauchseite gelblich grau gefärbt. Diese Art besiedelt trockene, schütter bewachsene Steppen, kommt als Kulturfolger aber auch in Gärten und auf landwirtschaftlichen Nutzflächen vor. Ihr kleines Verbreitungsgebiet erstreckt sich auf die rechtsseitige Niederung der Donau in Bulgarien und Rumänien.

Mesocricetus raddei (Schwarzbrust-Hamster)

Offenbar existieren zwei verschiedene Formen: Diejenige, die im Gebirge lebt, soll bis 28 cm Kopf-Rumpf-Länge errei-

Der Goldhamster stammt ursprünglich aus Syrien
Foto: Thinkstock/ iStock/Maximilian-Sethislav Andreev

chen können, die Tieflandform dagegen bleibt wesentlich kleiner. Diese Hamster sind oberseits gelbbraun gefärbt, mit gelblich weißer Kehle und einer schwarzen Bauchregion. In der Schulterregion verlaufen zwei breite, schwarze Streifen.

Die Tiere besiedeln die Nordhänge des Kaukasus sowie das Kaukasusvorland, zwischen Dagestan, dem Don und dem Asowschen Meer. Mit bis zu 20 Jungen pro Wurf (durchschnittlich ca. zwölf) sind diese Hamster sehr fruchtbar. Sie sind als landwirtschaftliche Schädlinge gefürchtet.

Milben

Die verschiedenen Milbenarten unterscheiden sich vor allem durch den Bau ihres Greifapparates und ihrer Beine. Wenn ein Milbenbefall zu beobachten ist, sollte der Tierarzt aufgesucht werden.

Siehe auch
→Fellmilben
→Haarmilben
→Saugmilben
→Grabmilbe
→Notoedresräude

Möhren

In Scheiben geschnittene Möhren werden vom Hamster sehr gern genommen. Sie enthalten den Pflanzenfarbstoff Carotin, sind kalorienarm und nicht fetthaltig. Entfernen Sie nicht gefressene Reste immer am nächsten Tag. Man kann dem Hamster auch getrocknete Möhren anbieten.

Mongolischer Zwerghamster
→*Allocricetulus curtatus*

Myiasis (Fliegenmadenbefall)

Bei Myiasis werden Tiere von Fliegenlaven befallen. Diese leben von Gewebe, Körperflüssigkeiten oder dem Darminhalt des Tieres. Oftmals sind ältere, erkrankte oder schwächere Exemplare betroffen, weil sie sich selbst nicht mehr putzen können.

Möhrenscheiben sind hochwertige Nahrung!
Foto: Thinkstock/ iStock / Viachaslau Kraskouski

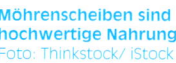

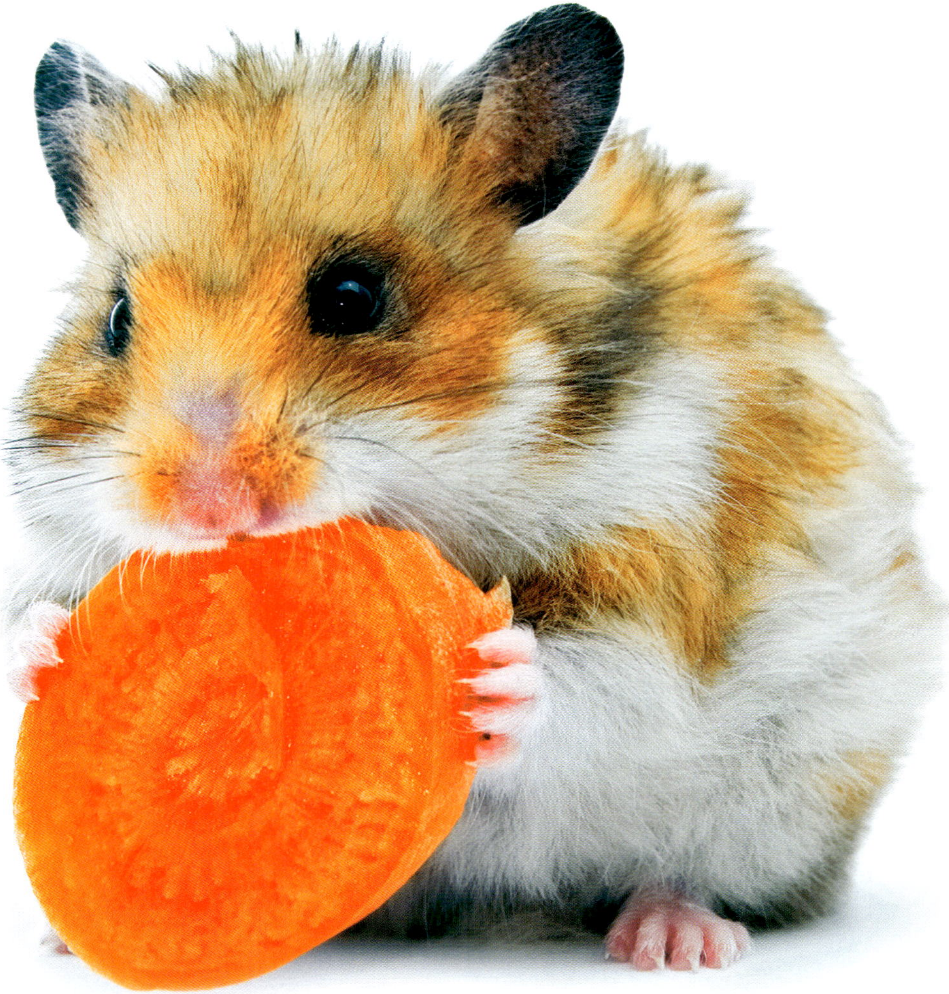

Nachwuchs

Hamsterweibchen sind je nach Art etwa alle 4–6 Tage paarungsbereit. Die Partner nähern sich einander zunächst langsam an, etwa durch intensives Beschnuppern. Später erfolgt dann die Paarung. Am Anfang der Paarungszeit kann es noch zu Auseinandersetzungen kommen.

Je nach Art dauert die Trächtigkeit ungefähr 15–18 Tage. Während dieser Zeit braucht das Weibchen mehr Ruhe als sonst. Es benötigt dann auch viel eiweißreiche Nahrung zur Kräftigung. Wenn der Nachwuchs zur Welt gekommen ist, ist es vorteilhaft, einen Käfig mit engen Gitterstäben oder ein Aquarium/Terrarium zu verwenden, da die Jungtiere sonst leicht entweichen können.

Je nach Art dauert die Trächtigkeit ungefähr 15–18 Tage

Siehe auch
→Geburt
→Paarung

Nagen
→Zähne

Nager-Klumpstreu

Nager-Klumpstreu gibt es beispielsweise von der Firma Gimborn. Sie besteht aus feinem Naturton und ist besonders geeignet für kleine Nager mit zarten Pfötchen.

Nager-Malt mit Papaya

Von der Firma Gimborn gibt es eine Paste, die Angora- und Teddyhamstern beim Abgang verschluckter Haare helfen soll.

Siehe auch
→Bezoar
→Teddyhamster-Futter

Zusammensetzung	Inhaltsstoffe
Pflanzliche Nebenerzeugnisse (Malzextrakte 35,4 %, Cellulose 10 %)	Protein 2,0 %
Öl und Fette (Pflanzenöl 30 %)	Fettgehalt 40,0 %
Früchte (Papaya, getrocknet 4 %)	Rohasche 5,0 %
Milchzuckerderivat mit TGOS * (1 %)	Rohfaser 7,0 %
	Feuchtigkeit 11,0%

Zusatzstoff: Antioxidationsmittel, Ohne Zusatz von Farb- und Konservierungsmitteln, (Trans-Galaktooligosaccharid aus Milchzuckerderivat)*

Nager-Pralinen

Süßigkeiten führen beim Hamster zu gesundheitlichen Schäden

Es ist falsch verstandene Tierliebe, einem Hamster zuckerhaltige Nager-Pralinen, Gebäck, Biskuits oder sonstiges „Süßes" anzubieten. Gesundheitliche Schäden sind bei einer solchen Fütterung vorprogrammiert.

Siehe auch
→Backentaschenverstopfung

Hier ein Beispiel der Firma Trixie	
Nagerstein mit Wildkräutern Durch ihren hohen Faseranteil fördern Wiesenkräuter die Verdauung.	
Inhaltsstoffe	
Rohasche	11,2 %
Rohfaser	3,6 %
Rohprotein	0,9 %
Rohfett	0,5 %
Feuchtigkeit	10,5 %
Zusammensetzung	
Mineralstoffe	
8 % Wiesenkräutermischung	

Nagerstein

Um Hamster mit Mineralstoffen und Spurenelementen zu versorgen, bietet sich ein Nagerstein an. Dieser fördert zugleich den Abrieb der Nagezähne. Es gibt sie mit Wildkräutern, Karottenwürfeln, Karotten-Nuggets usw. Ob Hamster Nagersteine benötigen oder nicht, ist umstritten. Bei einer ausgewogenen Ernährung sind Mineral- und Salzlecksteine unnötig.

Nager-Teppich

Beispielsweise von der Firma Hugro ist ein Nagerfloor (Nager-Teppich) im Handel erhältlich. Es gibt ihn in den Größen 40 x 25 cm, 40 x 100 cm und 50 x 120 cm. Er besteht aus reinen Hanffasern. Seine Beschaffenheit stellt sicher, dass die Tiere nicht mit ihren Krallen darin hängen bleiben. Die Naturfasern des Floors können bedenkenlos zernagt werden.

Nagerteppich der Firma Hugro Foto: Hugro

Ein Nagerfloor ist vielseitig verwendbar, beispielsweise als Streuunterlage auf dem Käfigboden oder als Teppich im Schlafhäuschen. Sie können den Nagerfloor auch zerschneiden und ein kleineres Stück einrollen, dann hat der Hamster ein prima Versteck.

Nagertrank

Bei artgerecht ernährten Hamstern ist mineralisiertes Wasser wie Nagertrank unnötig bzw. eher schädlich. Der im Zoofachhandel erhältliche Nagertrank wird nämlich meist für verschiedene Tierarten angeboten, die einen völlig unterschiedlichen Bedarf hinsichtlich des Mineralstoff- und Vitaminbedarfs haben. Werden die Nagertränke lange gelagert, können sich darüber hinaus Keime bilden. Es ist daher besser, den Tieren ganz normales Leitungswasser anzubieten.

Es ist besser, den Tieren ganz normales Leitungswasser anzubieten

Siehe auch
→Wasser

Nassschwanzkrankheit

Die Nassschwanzkrankheit kann durch Stress, einen zu kleinen Käfig, Futterumstellungen oder eine zu frühe oder plötzliche Trennung von der Mutter verursacht werden; Erreger sind Kolibakterien. Ein Symptom dieser Krankheit ist wässriger Durchfall, und oft wird sie von einem Darmvorfall begleitet. Die seltene Nassschwanzkrankheit tritt vor allem bei Jungtieren auf, die nicht älter als acht Wochen sind. Ihr Schwanz ist dann in der Fellregion feucht.

Die seltene Nassschwanzkrankheit tritt vor allem bei Jungtieren auf, die nicht älter als acht Wochen sind

Sie sollten betroffenen Junghamstern kein Frischfutter geben und können die Afterregion mit einem feuchten, weichen Tuch abtupfen.

Naturheilkunde

Unter Naturheilkunde versteht man verschiedene Methoden, die die körpereigenen Fähigkeiten zur Selbstheilung aktivieren sollen und die sich insbesondere in der Natur vorkommender Mittel oder Reize bedienen, wie z. B. die Phytotherapie (Einsatz von Pflanzenwirkstoffen).

Siehe auch
→Phytotherapie

Nici-Hamster

Die Firma Nici brachte 2009 verschiedene Hamster-Accessoires auf den Markt. Dazu zählen ein Plüsch-Hamster, Schlüsselanhänger, Kissen sowie ein Rucksack.

Notfall-Tropfen (Rescue Remedy)

Notfall-Tropfen aus der Bachblütentherapie ersetzen in keinem Fall eine tierärztliche Behandlung!

Die Notfall-Tropfen „Rescue" gehören zur Bachblütentherapie. Sie werden auch Erste-Hilfe-Tropfen genannt und sind eine Kombination aus fünf Bachblüten:

Cherry Plum (Kirschpflaume)
Clematis (Weiße Waldrebe)
Impatiens (Drüsentragendes Springkraut)
Rock Rose (Gelbes Sonnenröschen)
Star of Bethlehem (Doldiger Milchstern)

Sie ersetzen aber in keinem Fall eine tierärztliche Behandlung!

Siehe auch
→Bachblüten

Notoedresräude

Diese mit einem Juckreiz verbundene Krankheit wird durch Milben hervorgerufen. Sie ist ansteckend, sodass sich weitere Artgenossen leicht damit infizieren können. Die Milben befallen die obere Hautschicht und legen ihre Eier hier ab. Der kranke Hamster zeigt auf seinen äußeren Ohrenrändern gelblich graue Krusten. Durch starkes Kratzen kann sich der Milbenbefall noch weiter ausbreiten.

Siehe auch
→ Fellmilbe
→ Haarmilbe
→ Saugmilbe
→ Grabmilbe

Nüsse

Da Nüsse fetthaltig sind, sollte der Hamster höchstens ein Mal pro Woche welche bekommen. Geeignete Nüsse sind beispielsweise Haselnuss, Walnuss und Erdnüsse. Geben Sie keine gesalzenen Nüsse.

Nüsse sollten nur selten angeboten werden Foto: Thinkstock/ iStock/Vassily Vishnevkiy

Obst

Wenn der Goldhamster abends wach ist, bietet man ihm täglich eine kleine Menge Obst an. Nicht zu viel geben, da es sonst zu Durchfall kommen kann. Gerne mag der Hamster Apfel, Weintraube, Erdbeere usw.

Zwerghamster neigen zu Diabetes mellitus, weshalb man ihnen nur sehr wenig oder besser noch gar kein Obst anbieten sollte.

Morgens sind alle Obstreste aus dem Käfig zu entfernen.

Siehe auch
→Äpfel
→Diabetes mellitus
→Gemüse

Ohren, angelegte

Mit zurückgelegten oder angelegten Ohren signalisiert der Hamster seine Unsicherheit. Sprechen Sie ihn mit ruhiger und freundlicher Stimme an.

Ohren, aufgerichtete

Der Hamster ist sehr ruhig und aufmerksam, wenn er seine Ohren aufgerichtet hat. Dies ist für Sie ein sehr guter Zeitpunkt, sich mit ihm zu beschäftigen, beispielsweise mit ihm zu spielen oder ihn zu streicheln.

Durch seine aufgerichteten Ohren signalisiert dieser Hamster Aufmerksamkeit
Foto: Thinkstock/
iStock/Karl Barrett

Foto: Thinkstock/
iStock/kobelev

Paarhaltung
→Vergesellschaften von Zwerghamstern

Paarung
Möchten Sie, dass Ihr Hamster Junge bekommt, dann bringen Sie Weibchen und Männchen zusammen. Wenn die Tiere allerdings nicht paarungsbereit sind, kann es zu Kämpfen kommen. Die Bereitschaft zur Paarung signalisieren Hamster durch gegenseitiges Beschnuppern, durch Abgabe bestimmter Sexualduftstoffe und auch durch spezielle Lockrufe. Ein Weibchen kann sich mit mehreren Männchen paaren. Die Paarungszeit dauert normalerweise von März bis September. Während dieser Monate sind die Weibchen alle 4–6 Tage paarungsbereit. Nach der Paarung vertreibt das Weibchen das Männchen – lässt dieses sich nicht verscheuchen, kann es zu Streitereien mit Verletzungen kommen. Deshalb müssen Sie die Hamster sofort nach der Paarung trennen.

Hamster sollten nicht unkontrolliert vermehrt werden
Foto: Thinkstock/iStock/Sascha Burkard

Siehe auch
→Geburt
→Nachwuchs

Papierrollen
Hamster mögen Küchen- und Toilettenpapierrollen. Sie nagen gern an diesen preiswerten „Spielzeugen".

Parasiten
Einen Befall Ihres Hamsters mit Innenparasiten kann der Tierarzt anhand von Kotuntersuchungen feststellen, Symptom für Außenparasiten ist meist auffälliges Kratzen.

Siehe auch
→Milben

PC-Spiel

„Hamstern", so heißt ein PC-Spiel für Kinder ab fünf Jahren. Sie sollen dabei das Zählen und Rechnen lernen. In diesem Spiel werden immer sechs Äpfel, Mohrrüben und Nüsse für die Vorratskammer gesammelt.

Pflegeplan

Eine gründliche Käfigreinigung sollte alle 2–3 Wochen erfolgen

Eine gründliche Käfigreinigung mit Essig oder einem milden Desinfektionsmittel sollte nur alle 2–3 Wochen erfolgen. Danach sollte wieder ein Teil der gebrauchten Streu eingefüllt werden, damit der Käfig für den Hamster weiterhin vertraut riecht.

Für den Hamster bedeutet die Reinigung Stress. Um diesen so gering wie möglich zu halten, sollte sie nur in den Abendstunden erfolgen, da der Hamster am Tage schläft.

Täglich	**Füttern**	
	Futternapf reinigen	
	Frischfutterreste entfernen	
	Wasser wechseln	
	evtl. Freilauf unter Aufsicht	
	Bei Angora- und Teddyhamster: Fellkontrolle	
Jeden zweiten Tag	**Urinecke bzw. Hamstertoilette säubern**	
	Schlafhäuschen auf Futterreste kontrollieren	
	Frisches Heu geben	
	Spielzeug kontrollieren	
Wöchentlich	**Teilreinigung des Käfigs**	
	beispielsweise Spielzeug säubern	

Siehe auch
→Einstreu
→Fellpflege

Pflegestellen
→Urlaubsbetreuung

Phodopus campbelli (Campbell-Zwerghamster)

Der etwa 10 cm lange Campbell-Zwerghamster gehört zur Gattung der Kurzschwanz-Zwerghamster. Sein Lebensraum sind die Steppen und Halbwüsten der Mongolei, das nordöstliche China sowie das südliche Sibirien. Die Oberseite des Fells ist gräulich braun, mit einem dunklen Aalstrich, der an seiner schmalsten Stelle 2,5 mm breit ist. Die Augen des Campbell Zwerghamsters sind schwarz, seine Ohrmuscheln graubraun. Er zeigt einen Fellwechsel: Im Winter ist sein Fell hellgrau, ohne Gelbstich. Durch Züchtungen sind verschiedene Farbvarianten entstanden.

Campbell-Zwerghamster ernähren sich hauptsächlich von Pflanzensamen, manchmal fressen sie auch Insekten.

Phodopus roborovskii (Roborowski-Zwerghamster)

Der Lebensraum des Roborowski-Zwerghamsters sind die Wüstensteppe Gobi und die Wüstenregionen im Norden Chinas sowie in der Mongolei. Ihr Fell ist oberseits hellbraun bis grau gefärbt. Über den Augen sind weiße Flecken zu sehen. Ein typisches Merkmal sind weiße Stellen am Ohr. Unterhalb der Nase und auf der Bauchseite ist das Fell ebenfalls weiß.

Typisch für Roborowski-Zwerghamster: Sie besitzen keinen Aalstrich
Foto: K. Hindrichs

Der Roborowski besitzt keinen Aalstrich. Er erreicht eine Länge von etwa 9 cm und ist daher die kleinste Zwerghamsterart. Das Gewicht der Geschlechter unterscheidet sich ein wenig: Männchen wiegen im Durchschnitt rund 23 g, Weibchen um die 20 g.

Dieser Zwerghamster ernährt sich in der Natur von Blättern, Stängeln und Insekten. Roborowskis sind sehr unruhige und schnelle Zwerghamster. Sie werden meist nicht so zahm und zutraulich wie beispielsweise Goldhamster. Man kann sie einzeln, aber auch als Paar oder in kleinen Gruppe aus einem Männchen und mehreren Weibchen halten, muss aber natürlich immer beobachten, ob alles harmonisch verläuft. Wer keinen Nachwuchs wünscht, darf nur Weibchen gemeinsam pflegen.

Mittlerweile existieren zwei Zuchtformen: Schecken und Weißgesichter.

Siehe auch
→ Vergesellschaftung von Zwerghamstern

Phodopus sungorus (Dsungarischer Zwerghamster)

Der Dsungarische Zwerghamster bewohnt die Steppen des nordöstlichen Kasachstans und das südwestliche bis südliche Sibirien. Sein Fell ist

Wildfarbener Dsunga-rischer Zwerghamster
Foto: K. Hindrichs

im Sommer aschgrau bis dunkelbraun und hat einen schwarzbraunen Aalstrich. Auf der Körperunterseite ist das Fell weißlich, diese Färbung verläuft an den Seiten in drei Bögen nach oben. Im Winter ist das Fell teilweise oder ganz weiß gefärbt. Die Ohrmuschel ist blass rosa. Die Augen und Augenränder sind schwarz. Der Dsungarische Zwerghamster erreicht eine Länge von 7–9 cm und wiegt 19–45 g. Er ernährt sich in der Natur hauptsächlich von Pflanzensamen und in geringem Maß von Insekten wie beispielsweise Heuschrecken. Dsungarische Zwerghamster werden als Heimtiere recht zahm.

Es existieren verschiedene Zuchtformen: Winterweiß, Saphir oder Blau sowie Perlmutt oder Pearl.

Phytotherapie

Die Phytotherapie (oder Pflanzenheilkunde) ist die Lehre der Verwendung von Heilpflanzen als Arzneimittel. Das Wissen über die Heilkräfte der Pflanzen ist uralt. Da viele in der Pflanzenheilkunde verwendete Pflanzen giftig sind, bedarf es der fachkundlichen Zubereitung und Dosierung.

Pilzerkrankungen

Bei Kleintieren auftretende Pilze werden manchmal auch auf den Menschen übertragen. Ein Hamster mit Verdacht auf Pilzbefall sollte umgehend dem Tierarzt vorgestellt werden, der anhand einer Pilzkultur bestimmt, um welche Art es sich handelt und wie die Therapie erfolgen muss.

Quark
→Eiweißfutter

Quieken

Das Quieken ist ein Ausdruck von Schmerz oder Angst. So kommt es beispielsweise vor, dass ein Weibchen während der Geburt quiekt. Auch während oder nach einem Kampf ist diese Lautäußerung manchmal zu hören. Ist ein Hamster noch nicht an den Halter gewöhnt, wirft er sich bei dessen Annäherung gelegentlich auf den Rücken und quiekt. Deshalb sollten Sie sich dem Hamster nur sehr behutsam nähern.

Rattenartiger Zwerghamster
→*Tscherskia triton*

Recken und Strecken
Wenn ein Hamster sich reckt und streckt, fühlt er sich wohl. Dies ist ein sehr guter Zeitpunkt, sich mit ihm zu beschäftigen.

Regenbogenbrücke
Auf der Internetseite www.Regenbogenbrücke.com und anderen Web-Sites kann man über den Tod seines Hamsters schreiben und so Abschied von ihm nehmen. Manchen fällt es auf diese Art leichter, die Trauer zu verarbeiten.

Siehe auch
→Trauer
→Trauer bei Kindern

Revier

Der Hamster markiert sein Revier mit einer Flüssigkeit aus Drüsen. Damit zeigt er Artgenossen, dass er Revierinhaber ist und ein Eindringen nicht gestattet. Wenn andere Hamster trotzdem versuchen, in sein Revier einzudringen, führt das oft zu Kämpfen und Beißereien.

Rex-Hamster

Die genaue Entstehungsgeschichte des Rex-Fells beim Goldhamster ist unbekannt. 1970 war diese Rasse erstmals auf einer Ausstellung zu sehen. Merkmal ist das längere Fell, das sich ein wenig kräuselt.

Roborowski-Zwerghamster

→*Phodopus roborovskii*

RODENTIA

Das Kleinsäuger-Fachmagazin **RODENTIA – Nager & Co.** erscheint vier Mal pro Jahr im Natur und Tier - Verlag (www.rodentia.de) und berichtet detailliert über die tiergerechte Haltung, Pflege und Ernährung von Kaninchen und Nagern wie Hamstern, Meerschweinchen, Farbratten, Chinchillas, Rennmäusen etc.

Röhrensysteme

Die meisten käuflichen Röhrensysteme sind nicht artgerecht und deshalb für Hamster völlig ungeeignet. Die durchsichtigen Röhren werden meist als einzelne Bauteile im Handel angeboten und müssen dann zusammengesetzt werden, was für Kinder nicht so einfach ist. Auch das Reinigen der Röhren ist schwierig. Die Hamster haben in den transparenten Röhrensystemen keine Rückzugs- und Versteckmöglichkeiten. Die Luftzirkulation ist ungenügend, und es können sich Bakterien ansiedeln.

Rumänischer Hamster

→*Mesocricetus newtoni*

Säugezeit

Beim Goldhamster beträgt die Säugezeit ca. 3–4 Wochen, bei Zwerghamstern rund drei Wochen. Wenn ein Goldhamster Junge zur Welt bringt, sind diese noch ganz nackt und blind und besitzen keine Tasthaare (Vibrissen). Schon bald sind graue Haare am Rücken zu erkennen und die Tasthaare entwickeln sich. Die Ohren sind noch angelegt. Allmählich werden die Haare hellbraun. Bald zeigt sich der Fellansatz auch am Bauch. Einige Zeit bleiben die Jungtiere noch im Nest. Sie beginnen dann langsam, sich aktiv fortzubewegen. Nach etwa 16 Tagen öffnet der junge Hamster seine Augen vollständig, und die hellbraune Färbung des Fells ist abgeschlossen. Auch die Ohren sind aufgerichtet. Erst nach ca. sieben Wochen beginnt der Junghamster, feste Nahrung aufzunehmen.

Wenn ein Goldhamster Junge zur Welt bringt, sind diese noch ganz nackt und blind

Salat

Verfütterter Salat sollte immer ungespritzt sein. Geben Sie dem Hamster keine großen Mengen, da er sonst Durchfall bekommen kann. Die frischen Salatblätter in kleinen Portionen anbieten und morgens und abends alle Reste entfernen. Geeignete Salate sind beispielsweise Endiviensalat, Feldsalat und Chicorée.

Verfütterter Salat sollte Bio-Qualität haben
Foto: Thinkstock/ iStock/hanhanpeggy

Salzleckstein

Beim Anbieten eines Salzlecksteins ist Vorsicht geboten. Salzlecksteine sind nicht nur überflüssig, sondern können auch gesundheitliche Schäden anrichten. Ein gesund ernährtes Tier bekommt seine Salze und Mineralstoffe über das Futter (Kräuter, Eiweißfutter). Leckt oder nagt ein Hamster zu viel an seinem Salzleckstein, kann es zu einer Natriumchloridüberversorgung und Nierenproblemen kommen, die sogar zum Tod des Tieres führen können.

Satin-Hamster

Aufgrund des genetischen Satinfaktors besitzen Goldhamster dieser Züchtung besonders schönes, glänzendes Fell. Satintiere gibt es sowohl bei Langhaar- als auch bei Kurzhaarhamstern.

Sandbad

Ein Sandbad ist für Hamster unverzichtbar, da es dem Stressabbau und der Fellpflege dient. Gut geeignet ist staubarmer Chinchillasand. Chinchillasand besteht aus verschiedenen Sandarten – wichtig ist, dass der Sand weich ist, die Körner also abgerundet sind. Oftmals sind Attapulgus- oder Sepiolith-Sand enthalten. Auch trockene, feine Terrariensandarten können für Hamster verwendet werden.

Nicht gut geeignet sind hingegen Sandkastensand (Quarzsand) und Vogelsand, da diese Sandarten nicht abgerundet sind. Durch die rauen Kanten wird das Fell des Hamsters beim Sandbaden angegriffen, dies kann Hauterkrankungen begünstigen. Feiner Vogelsand darf nur verwendet werden, wenn er weder Anis noch Muschelgrit enthält. Letzter kann auch ausgesiebt werden.

Ein Sandbad ist für den Hamster unverzichtbar. Foto: Thinkstock/iStock/heckepics

Saugmilbe (*Ornithonyssus bacoti*)

Die Saugmilbe parasitiert auf Wirbeltieren. Ohne Wirt kann sie etwa ein halbes Jahr überleben. Sie kommt in Streu, Ritzen, Spalten und Schlafplätzen des Hamsters vor. Symptome eines Milbenbefalls sind starker Juckreiz, gerötete Haut und verkrustete Wunden. Sind die Wunden offen, können Infektionen entstehen. Da die Milbe Blut saugt, kann es zu Blutarmut kommen, in der Folge sind selbst Todesfälle möglich. Wenn man sich die Milbe unter einem Mikroskop anschaut, ist sie grau, aber wenn sie Blut gesaugt hat, bekommt sie eine rote Färbung.

Da die Milbe Blut saugt, kann es zu Blutarmut kommen.

Diese Milbenart ist auf Menschen übertragbar.

Siehe auch
→Fellmilbe
→Grabmilbe
→Haarmilben
→Notoedresräude
→Zoonosen

Schlafhaus

Das Schlafhaus ist für einen Hamster wichtig, da er es als geschützten Schlafplatz und als Nahrungsdepot benutzt. Beim Kauf eines Schlafhauses sollten Sie auf einige Dinge achten: Das Dach sollte flach sein, da der Hamster beim Hinaufklettern sonst abrutschen und sich verletzen kann. Zudem sollte es keinen Boden besitzen, da es sonst im Sommer zu einem Hitzestau kommen kann und die Belüftung grundsätzlich mangelhaft ist. Ein Schlafhaus ohne Boden ist auch deshalb vorteilhaft, weil es leichter gereinigt werden kann. Manche Hamster urinieren nämlich gerne in ihre Häuschen. Achten Sie auch auf die Größe des Schlafhauses und des Eingangsloches. Die Tiere

Eine „Strohhütte" als Schlafhäuschen ist für Zwerghamster gut geeignet Foto: Trixie

Schlafhäuschen werden auch gerne erklettert Foto: K. Hindrichs

müssen auch mit gefüllten Backentaschen gut hindurchpassen. Größere Zwerghamsterarten wie Dsungarischer und Campbell-Zwerghamster benötigen Einstiegslöcher von ca. 5 cm, während für Chinesische Streifenhamster und Roborowski-Zwerghamster eine Größe von 4 cm ausreicht. Häuser für Goldhamster sollten Einstiegslöcher von 7–8 cm aufweisen. Das Goldhamster-Schlafhaus sollte insgesamt mindestens 18 x 12 cm (Länge x Höhe) groß sein. Für Zwerghamster ist eine Hausgröße von mindestens 14 x 12 cm empfehlenswert. Es gibt im Handel beispielsweise Schlafhäuschen, die wie Strohhüte aussehen. Sie haben nur ein Eingangsloch und sind deshalb gut für Zwerghamster geeignet. Von Plastikhäuschen ist generell abzuraten, weil sie meist angenagt und das Plastik verschluckt werden kann, was zu inneren Verletzungen führen kann. Schlafhäuschen aus Holz ohne Boden dagegen sind sehr empfehlenswert.

Sie können ja auch selbst kreativ werden und Ihrem Hamster ein Schlafhäuschen bauen!

Siehe auch
→Basteln der Einrichtung

Schleich-Figur
Wie auch von anderen Herstellern, so gibt es von der Firma Schleich eine Hamster-Figur in Braun/Weiß. Der Hamster ist handbemalt und hat eine Größe von (L x B x H) 5,9 x 2,1 x 2,5 cm.

Schüßler-Salze
Die Schüßler-Salz-Therapie wurde vom Arzt Wilhelm Heinrich Schüßler (1821–1898) entwickelt. Er war der Meinung, dass Krankheiten durch Störungen im Mineralhaushalt entstünden. Durch Zugabe von Mineralsalzen in äußerst geringer Dosis sollten sie geheilt werden. Schüßler benannte 12 Basismineralsalze, die seiner Meinung nach zur Heilung ausreichten. Schüßlers Nachfolger fanden noch 12 Ergänzungsmittel.

Schüßler-Salze: die zwölf Hauptmittel	
Nr. 1	Calcium fluoratum
Nr. 2	Calcium phosphoricum
Nr. 3	Ferrum phosphoricum
Nr. 4	Kalium chloratum
Nr. 5	Kalium phosphoricum
Nr.6	Kalium sulfuricum
Nr. 7	Magnesium phosphoricum
Nr. 8	Natrium chloratum
Nr. 9	Natrium phosporicum
Nr. 10	Natrium sulfuricum
Nr. 11	Silicea
Nr. 12	Calcium sulfuricum
Dr. Schüßlers Nachfolger fanden noch 12 Ergänzungsmittel.	

Schwänzchen, hochgerecktes
Hiermit signalisiert der männliche Hamster seine Paarungsbereitschaft.

Schwarzbrusthamster
→Mesocricetus raddei

Erkrankte Hamster müssen nach Weisung des Tierarztes behandelt werden
Foto: Wildlife

Sokolow-Zwerghamster
→*Cricetulus sokolovi*

Speichelkrankheit
Hamster können an der Speichelkrankheit leiden. Meist verläuft sie ohne Symptome. Manchmal kann es aber auch zur Entzündung der Speicheldrüsen mit mumpsähnlichen Symptomen kommen. Möglich sind auch Lähmungen und eine Bindehautentzündung.

Stammbaum
→ Hamster

Standort des Käfigs
Da der Hamster geräusch- und lichtempfindlich ist, sollte sein Käfig an einem ruhigen, nicht zu hellen Platz stehen, am besten an einer Wand. Laute Musik oder ein lauter Fernseher sind nichts für Ihren Hamster. Vermeiden Sie direkte Sonneneinstrahlung und Zugluft, und stellen Sie den Käfig niemals direkt an eine Heizung. Die Raumtemperatur sollte etwa 15–25 Grad betragen.

Steiff-Hamster
Von der Firma Steiff gibt es zwei verschiedene Goldi-Hamster. Auch andere Hersteller haben Hamster als Stofftiere im Programm.

Streptokokken- und Staphylokokkeninfektion
Diese Bakterien leben in der Haut und im Fell des Hamsters. Durch Verletzungen können sie in den Körper eindringen und Infektionen hervorrufen. Symptome sind Hautabszesse, eine Gesäugeentzündung oder eitrige Bindehautentzündungen. Um Infektionen vorzubeugen, sollten alle Verletzungsgefahren vermieden werden.

Stroh

Da Stroh sehr spitze Kanten hat, die zu Verletzungen der Backentaschen führen können, sollte es gemieden und stattdessen besser →Heu verwendet werden.

Eine natürliche Streu mit gepresstem Weizenstroh gibt es unter dem Produktnamen „Gimbi Nager Streu" von Gimborn. Die hohe Saugkraft bindet sofort Geruch und Feuchtigkeit. Eine solche Streu bietet sich vor allem für Angora- und Teddyhamster an, weil sie nicht im Fell hängen oder an den Pfoten kleben bleibt.

Statt Stroh lieber Heu verwenden!
Foto: Thinkstock/ iStock/ gashgeron

Tastsinn

Der Tastsinn spielt für den Hamster eine wesentliche Rolle bei seiner Orientierung. Die Tasthaare (Vibrissen), die ständig in Bewegung sind, befinden sich seitlich der Nase.

Target-Training

Eine Trainingsform erfolgt durch Einsatz des Target-Stabs in Verbindung mit dem →Clicker. Das Target ist ein Stab, an dem vorne ein Bällchen angebracht ist. Wenn man den Hamster frei laufen lässt, kann man ihn durch den Target-Stab zu einem Ziel locken und ihm so beispielsweise beibringen, durch einen Parcours zu laufen. Wichtig ist, Erfolge durch Leckerchen zu belohnen. Die Übungen sollten wiederholt werden und erfordern viel Geduld seitens des Halters.

Wichtig ist, Erfolge durch Leckerchen zu belohnen.

Teddyhamster

Eine langhaarige Zuchtform des Goldhamsters ist der in vielen Farben gezüchtete Teddyhamster. Teilweise treten bei seiner Zucht allerdings auch ungewollte Eigenschaften auf. Zu Problemen kann es kommen, wenn solche Tiere bei der Fellpflege Haare verschlucken.

Teddyhamster-Futter

Die Firma Rodipet hat nach eigener Angabe das erste Hamsterfutter speziell für Teddyhamster entwickelt. Es enthält auch tierische Proteine in Form von getrockneten Steppengrillen und Grashüpfern. Die Inhaltsstoffe sollen der Entstehung von →Bezoaren vorbeugen, unter denen diese Hamster häufig leiden.

Teddyhamster-Futter
Bestandteile des Futters:
Getreide
Frische Saaten und Sämereien
Obst
Wurzeln
Gemüse
Steppengrillen und Grashüpfer

Siehe auch
→Malte-Paste

Terrarium

Nagerterrarien oder umfunktionierte Aquarien haben den Vorteil, dass beim Graben des Hamsters keine Einstreu herausfällt und das Hamsterheim somit hoch eingestreut werden kann. Außerdem

Terrarien eigenen sich ideal für die Haltung von Hamstern und lassen sich artgerecht sowie sehr fantasievoll einrichten
Foto: S. Honigs

haben Terrarien keine störenden Gitterstäbe, die angenagt werden, und die Tiere können von vorne (anstatt von oben) aus dem Gehege genommen werden. Auf der anderen Seite sind Glasaquarien und Terrarien relativ schwer und unhandlich. Darüber hinaus haben sie den Nachteil, dass die Belüftung – vor allem bei kleinen Terrarien – schlechter ist als bei einem Käfig oder Eigenbau.

Die Becken sollten nicht wesentlich höher als tief sein, da sich sonst schädliche Gase aus dem Urin und der Atemluft am Boden sammeln. Je größer ein Becken ist, desto besser ist die Belüftung. Bei normalen Terrarien müssen zusätzliche Belüftungsgitter angebracht werden. Terrarien benötigen außerdem passende Gitterdeckel, die für eine ausreichende Belüftung sorgen.

Tierarzt

Zeigt Ihr Hamster Anzeichen einer Krankheit wie etwa Nahrungsverweigerung oder ständiges Kratzen, stellen Sie ihn dem Tierarzt Ihres Vertrauens vor. Er wird den Hamster untersuchen und eine entsprechende Therapie anordnen. Sollte der Hamster unheilbar krank sein und unter starken Schmerzen leiden, wird ihn der Tierarzt nach Rücksprache mit Ihnen →einschläfern.

Naturheilkunde kann in keinem Fall den Veterinärmediziner ersetzen. Sie kann aber begleitend zur Behandlung eingesetzt werden.

Tierheilpraktiker

Die Berufsbezeichnung „Tierheilpraktiker" ist nicht gesetzlich geschützt. Es ist möglich, mit einem reinen Fernstudium (oft mit Seminaren verbunden) Tierheilpraktiker zu werden. Tierheilpraktiker arbeiten mit homöopathischen und pflanzlichen Mitteln sowie alternativmedizinischen Verfahren wie etwa →Bachblüten oder →Schüßler-Salzen. Naturheilkunde kann auf keinen Fall die Veterinärmedizin ersetzten. Sie kann die tierärztliche Behandlung aber begleitend unterstützen.

Tierheim
→Hamsterkauf

Tierkörperbeseitigungsgesetz

Im eigenen Garten darf ein Hamster beerdigt werden. Hamster fallen nicht unter das Tierkörperbeseitigungsgesetz.

Tierschutzwidriges Zubehör

Die „Tierärztliche Vereinigung für Tierschutz (TVT)" stuft einige Einrichtungsgegenstände für Hamster als tierschutzwidrig und gesundheitsschädlich ein. So ist bei der Verwendung von ringsum geschlossenen Glas- oder

Solche Hamsterkugeln werden als tierschutzwidrig eingestuft
Foto: Thinkstock/ iStock/johanna goodyear

Kunststoffheimen und Röhrensystemen keine ausreichende Belüftung gewährleistet. Durchsichtiges Plastikspielzeug bietet den Tieren keine Rückzugsmöglichkeit und ist daher ebenfalls nicht geeignet. Hamsterkugeln erlauben den Tieren keine zielgerichtete Fortbewegung und können bei Abstürzen von Tischkante oder Treppenabsatz lebensgefährlich sein. Auch Laufleinen sind tierschutzwidrig, da sie eine Verletzungsgefahr und Beeinträchtigung des Verhaltens darstellen.

Tragezeit beim Hamster
→Geburt

Transportbox
Beim Hamsterkauf kommt der kleine Nager für den Transport nach Hause oft in eine Pappbox. Diese kann er jedoch durchnagen.

Beim Transport sollte eine solche Box noch in eine thermostabile Kiste gestellt werden, beispielsweise aus Styropor. Zum einen, um das Tier vor Überhitzung oder Kälte zu schützen, zum anderen, weil in der Kiste beruhigende Dunkelheit herrscht.
Foto: S. Honigs

Transportieren Sie den Hamster daher nur in einer dafür geeigneten Transportbox aus Kunststoff. Die Box sollte so groß sein, dass der Hamster mit seinem Haus hineinpasst, d. h. mindestens 20 x 20 x 10 cm. Die Box sollte eine große Öffnung haben, gut belüftet und dunkel sein. In durchsichtigen Plastikbehältern fühlen die Tiere sich schutzlos und sind mehr gestresst. Damit der Hamster sich durch gewohnte Gerüche sicherer und wohler fühlt, können Sie ihm einen Teil seines Hamsternestes inklusive der Einstreu in die Transportbox geben.

Trauer

Lassen Sie die Trauer zu, wenn Ihr Hamster stirbt. Es gibt verschiedene Möglichkeiten, sich vom geliebten Tier zu verabschieden. Beispielsweise kann man einen Ballon mit dem Namen des Hamsters in die Luft steigen lassen. Oder schreiben Sie als kleinen Abschiedsbrief ein besonders schönes Erlebnis mit Ihrem Hamster auf. Verarbeiten Sie in aller Ruhe Ihre Trauer und kaufen Sie erst dann wieder einen neuen Hamster.

Siehe auch
→Regenbogenbrücke

Trauer bei Kindern

Es ist für ein Kind nur schwer zu verstehen, wenn sein Hamster stirbt. Trösten Sie es und erklären Sie ihm, dass der Hamster von Natur aus leider nur ein kurzes Leben hat. Ihr Kind sollte bei der Beerdigung des Hamsters dabei sein. Sie können zur Erinnerung an das kleine „Familienmitglied" auf das Grab eine Blume pflanzen oder einen kleinen Stein legen. Durch den Tod des geliebten Hamsters kann Ihr Kind lernen, dass zum Leben nicht nur die Geburt, sondern auch das Sterben gehört.

Durch den Tod des geliebten Hamsters kann Ihr Kind lernen, dass zum Leben nicht nur die Geburt, sondern auch das Sterben gehört

Tricolor

Tricolor nennt man dreifarbige Goldhamster.

Siehe auch
→Fellfarben

Die Benutzung von
Trinkflaschen ist um-
stritten, bietet jedoch
Vorteile
Foto: Thinkstock/
iStock/Shawn Ang

Trinkflasche

Ob die im Handel angebotenen Trinkflaschen für Nager empfehlenswert sind, darüber gibt es geteilte Meinungen. Trinkflaschen
haben gegenüber Trinknäpfen den Vorteil, dass das Wasser nicht
durch Einstreu, Kot, Urin etc. verschmutzt werden kann und dass
keine Jungtiere ins Wasser fallen können. Sollte der Hamster nicht
aus der Trinkflasche trinken, bieten Sie ihm das Wasser in einer
etwas erhöht stehenden kleinen Schale an, die so beschwert sein
sollte, dass der Hamster sie nicht verschieben kann.

Tscherskia triton (Rattenartiger Zwerghamster)

Der Rattenartige Zwerghamster lebt in Ostasien (Nordost-China,
Korea und Südosten Russlands). Mit einer Länge von 12–16 cm ist
er der größte Zwerghamster. Seine Felloberseite ist grau, die Unterseite
weißgrau. Auf dem Rücken kann er einen dunklen Aalstrich besitzen.
Seine Füße sind weiß.

Türkischer Hamster
→*Mesocricetus brandti*

Tumor

Tumoren bilden sich oft bei älteren Hamstern. Sie können äußerlich zu erkennen sein (z. B. in Form einer Geschwulst bzw. einer Schwellung), aber auch im Inneren des Tieres wachsen. Stellen Sie einen betroffenen Hamster unbedingt dem Tierarzt vor. Er wird dann entscheiden, wie dem Hamster am besten geholfen werden kann.

Siehe auch
→Abtasten des Hamsters

Beim vorsichtigen Abtasten des Hamsters lassen sich Tumoren und andere krankhafte Veränderungen leicht feststellen
Foto: Thinkstock/ iStock/andylid

U

Urin-Ecke
→ Hamsterklo

Urlaubsbetreuung

Vor der Anschaffung eines Hamsters sollte klar sein, wer sich im Urlaub um ihn kümmert. Da der Hamster nicht gern verreist, ist es sinnvoll, ihn zu Hause von Verwandten, Freunden oder Bekannten betreuen zu lassen. Ist dies nicht möglich, kann man ihn während des Urlaubs in ein Tierheim oder in eine Pflegestelle geben. Das kostet natürlich etwas und ist für Ihren Liebling nicht stressfrei. Teilen Sie der Urlaubsbetreuung auch die Adresse Ihres Tierarztes mit und sagen Sie ihr, was Ihr Hamster gern frisst. Hinterlassen Sie auf jeden Fall Ihre Urlaubsadresse und einen detaillierten → Pflegeplan.

Da der Hamster nicht gern verreist, ist es sinnvoll, ihn während Ihres Urlaubs von Verwandten, Freunden oder Bekannten oder icbetreuen zu lassen

Unterrichtsmaterial

Unter dem Titel „Lernwerkstatt Dsungarischer Zwerghamster, mit Foto-CD-Rom" hat Sabine Teibach Unterrichtsmaterial veröffentlicht, geeignet ab der 3. Klasse. Es umfasst 48 Seiten mit vielen Informationen zum Dsungarischen Zwerghamster sowie Kopiervorlagen und Lösungen zu Aufgabenstellungen.

Kinder der 2.–3. Klasse lernen mit dem Literaturprojekt „Hamster-Alarm" vieles rund um den Hamster, wie beispielsweise Pflege und Haltung. Autorin des Buches ist Sandy Willems van der Gieth.

Siehe auch
→ Kinderbücher

Verdauungssystem
→Ernährungsbiologie des Hamsters

Vergesellschaftung von Zwerghamstern

Zwerghamster sind zwar nicht so absolute Einzelgänger wie Goldhamster, dennoch sollte man auch Zwerghamster lieber allein
halten. Eine Ausnahme bildet vor allem der Roborowski-Zwerghamster
– hier können erfahrene Halter durchaus ein Paar oder eine Gruppe
aus einem Männchen und mehreren Weibchen pflegen. Sicher-
heitshalber sollte man gleich zu Beginn einen zweiten Käfig bereit-
stellen, damit die Tiere im Notfall jederzeit getrennt werden können.

**Beim Vergesellschaf-
ten von Hamstern ist
Vorsicht geboten!**
Foto: Thinkstock/
iStock/Igor Kovalchuk

Sorgen Sie dafür, dass der Hamsterkäfig eine ausreichende Größe
aufweist und den Zwerghamstern mehrere Versteckmöglichkeiten
bietet. So können die Tiere sich genügend bewegen und bei Bedarf
aus dem Weg gehen. Sollten sich die Zwerghamster aber dennoch
beißen, dann trennen Sie die Tiere sofort. Sonst kann es zu
ernsthaften Verletzungen oder gar zum Tod des schwächeren
Exemplars kommen.

Das Halten eines
Hamsters kann vom
Vermieter nicht unter-
sagt werden
Foto: Thinkstock/
iStock/Igor Kovalchuk

Vergiftungen

Durch das Fressen ungenießbarer Pflanzen oder durch das Nagen an Stromkabeln kann es zu Vergiftungen kommen. Eine Gefahr stellt auch auf dem Boden stehendes Putzmittel dar.

Siehe auch
→Freilaufgehege
→Giftige Pflanzen

Vermieter

Grundsätzlich kann die Haltung von Hamstern in einer Mietwohnung nicht untersagt werden, soweit sie nicht das normale Maß übersteigt oder objektive Belästigungen von ihr ausgehen, beispielsweise eine Geruchsbelästigung.

Vibrissen (Tasthaare)

→fühlen
→Tastsinn

Vitamine

Im Hauptfutter sollten alle Vitamine enthalten sein, die der Hamster benötigt. Geben Sie auch regelmäßig Frischfutter. Nur bei Bedarf sollte man etwas vitaminreiches Ergänzungsfutter hinzufügen, das im Handel in flüssiger Form und als Pellets erhältlich ist.

19 Vitamine

VITA Fit Vitamin Pellets Vitakraft
Ergänzungsfuttermittel für Nager
Zusammensetzung:
Getreide, Bäckereierzeugnisse, pflanzliche Nebenerzeugnisse
Ernährungsphysiologische Zusatzstoffe/kg:

Vitamin A	266.660 IE
Vitamin D3	26.666 IE
Vitamin E	800 mg
Vitamin C	2.666 mg
Vitamin B1	160 mg
Vitamin B2	160 mg
Vitamin B6	40 mg
Vitamin B12	266 µg

Vitakraft VITA-bon Vitality Tabletten für Nager
Zusammensetzung:
Inulin 31,2 %, Gemüse 26,7 %, Getreide, pflanzliche Nebenerzeugnisse, Mineralstoffe, Öle und Fette.
Zusatzstoffe/kg:

Vitamin A	100.000 IE
Vitamin D3	10.000 IE
Vitamin E	750 mg
Vitamin C	3.000 mg
Vitamin B1	84 mg
Vitamin B2	102 mg
Vitamin B6	30 mg
Vitamin B12	340 µg

Beispiele für Ergänzungsfuttermittel, hier von Vitakraft – vergleichbare Produkte gibt es auch von anderen Herstellern

Wasser

Obwohl die meisten Hamster ihren Wasserbedarf überwiegend über das Frischfutter abdecken, benötigen sie täglich frisches Trinkwasser, das ihnen zur freien Verfügung steht. Leitungswasser ist eines der am besten überwachten Lebensmittel in Deutschland und daher als Nahrungsmittel für Mensch wie Tier gut geeignet.

Siehe auch
→Nagertrank
→Trinkflasche

Wiegen

Wiegen Sie Ihren Hamster alle ca. 8–10 Tage. Dazu eignet sich eine digitale Küchenwaage sehr gut, für Zwerghamster eignet sich eine digitale Feinwaage. Das Gewicht sollten Sie regelmäßig notieren, damit Sie einen guten Überblick behalten. Bei großen Gewichtsschwankungen sollte ein Tierarzt konsultiert werden, um eine Erkrankung auszuschließen.

Wiegen			
Datum	Gewicht	Datum	Gewicht

Siehe auch
→Körpergewicht

Wurfgröße
→Geburt

Zähmung
→Eingewöhnung

Zähne

Hamster haben zwölf Backenzähne und vier Schneidezähne. Die Schneidezähne, auch Nagezähne genannt, sind gelblich. Sie sind nach hinten gebogen und auf der vorderen Seite glatt. Sie wachsen ständig nach, da sie durch das Nagen abgenutzt werden. Die weiß bis leicht rosa gefärbten Backenzähne sind niederkronig und besitzen ausgeprägte Zahnwurzeln. Ihr Wachstum ist begrenzt. Der Zahndurchbruch der Nagezähne erfolgt vor der Geburt oder kurz danach. Die Backenzähne sind erst beim erwachsenen Hamster durchgebrochen. Die Kalkablagerung der Zahnkronen ist bereits kurz vor dem Zahndurchbruch abgeschlossen, die der Zahnwurzeln deutlich später.

Bei diesem Teddyhamster sind deutlich die unteren Schneidezähne zu sehen
Foto: K. Hindrichs

Siehe auch
→Zahnprobleme

Zähneklappern

Zähneklappern ist beim Hamster ein Zeichen von Aggression. Jetzt sollten Sie ihn jetzt in Ruhe lassen.

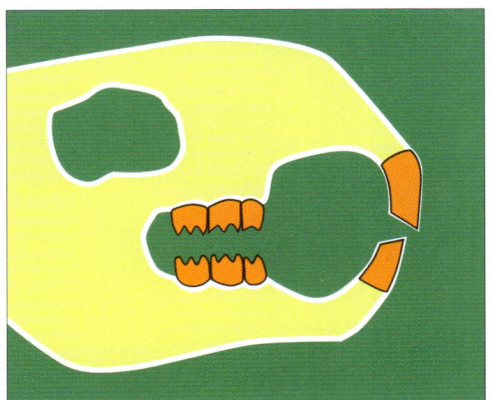

Schematische Darstellung der Bezahnung eines Hamsters
Grafik nach Bunny

Zahnformel

Hamster haben 16 Zähne, davon in jeder Kieferhälfte ein Schneidezahn und drei Backenzähne (Zahnformel 1-0-0-3). Empfehlenswert ist, die Nagezähne regelmäßig zu kontrollieren, da sie ständig wachsen und dadurch bei einer Fehlentwicklung gesundheitliche Probleme verursachen können. Sind die Nagezähne zu lang, muss der Tierarzt sie kürzen.

Zahnprobleme

Die meisten Zahnprobleme entstehen bei den Schneidezähnen. So kann der Hamster beispielsweise bei einer Zahnfehlstellung nicht mehr richtig nagen. Da sich die Schneidezähne dadurch nicht genügend abnutzen, wachsen sie immer weiter. Dann müssen Sie unbedingt mit Ihrem Hamster zum Tierarzt. Er kürzt die Schneidezähne mit einer speziellen Zange. Ein weiteres Zahnproblem entsteht aus Kalziummangel: Die Zähne verfärben sich, verlieren ihre Festigkeit und können sogar abbrechen.

Zimmerpflanzen

→Giftige Pflanzen

Zoofachgeschäft

In Zoofachgeschäften werden Futter und Zubehör für Heimtiere sowie meistens auch lebende Tiere zum Verkauf angeboten. Nicht immer werden die Tiere artgerecht gehalten. Beispielsweise befinden sich Hamster häufig zu mehreren in kleinen Glasbehältern. Die Nager werden vielfach nicht nach Geschlechtern getrennt, sodass es vorkommen kann, dass man ein trächtiges Exemplar kauft. Leider

wissen die Verkäufer einiger Zoofachgeschäfte nur wenig über Biologie und artgerechte Haltung der Heimtiere. Hier besteht noch viel Verbesserungsbedarf, obwohl es natürlich andererseits auch exzellent geführte Geschäfte mit fachkundigen Beratern gibt.

Zoonosen

Von Mensch zu Tier und von Tier zu Mensch übertragbare Infektionskrankheiten werden Zoonosen genannt, beispielsweise →LCM (Lymphozytäre Choriomeningitis).

Zubehör

Bitte verwenden Sie keine ungeeigneten →Röhrensysteme und auch keine →Jogging-Kugeln (auch Hamsterball genannt). In den meisten Zoogeschäften gibt es eine große Auswahl an artgerechten Spielzeugen

Anschaffung	
Grundausstattung	Käfig oder Terrarium
	Mittelhamster: Grundfläche ab 100 x 50 cm
	Zwerghamster: Grundfläche ab 80 x 50 cm
	Ein Schlafhäuschen aus Holz, ohne Boden
	Laufrad in passender Größe
	Futternapf aus Ton oder Porzellan
	Trinkflasche
	Ecktoilette
	Sandbadeschale
	Artgerechtes Spielzeug aus Holz
Zusätzlich nötig	Einstreu
	Toiletten-Einstreu
	Chinchilla-Badesand
	Futter
	Leckerchen
	Frischfutter
	Knabberzweige
	Heu
	Nistmaterial zum Ausbau des Schlafplatzes
	Desinfektionsmittel für Tierkäfige
	Geeignete Fachliteratur

für Hamster aus Holz und anderen Naturmaterialien. Vermeiden Sie Plastik, da der Hamster daran nagen und sich verletzen kann.

Siehe auch
→Tierschutzwidriges Zubehör

Zuchtreife

Beim Goldhamster beginnt die Zuchtreife ab der 10.–12. Lebenswoche, beim Dsungarischen und beim Campbell-Zwerghamster ab der 12. Lebenswoche. Der Roborowski-Zwerghamster erlangt seine Zuchtreife erst ab der 16.–20., der Chinesische Streifenhamster schon ab der 8.–11. Lebenswoche.

Zuckerkrankheit
→Diabetes mellitus

Züchten
Wer Hamster züchten will, sollte vorher einiges bedenken:

- Was mache ich mit den Jungtieren? Kann ich sie in tiergerechte Haltungen vermitteln?
- Habe ich genügend Platz für Zuchttiere und Nachwuchs?
- Habe ich genügend Zeit und Geld, die Hamsterzucht artgerecht zu betreiben?
- Gibt es keine Probleme mit dem Vermieter?

Wenn diese Fragen klar positiv beantwortet sind, kann man den Schritt wagen. Die Zucht sollte aber nur als Liebhaberei und nicht aus Profitgründen betrieben werden. Die finanziellen Ausgaben einer Hamsterzucht sind meist deutlich höher als die Einnahmen durch den Verkauf des Nachwuchses.

Zhu-Zhu-Hamster
Elektronische Plüschhamster, erhältlich in verschiedenen Varianten und Farben. Aus der breiten Zubehörpalette gibt es Spielhaus, Hamster-Rad und vieles mehr.

Foto: Thinkstock/
iStock/khmel

Dank

Ich möchte mich ganz besonders bei meinem Mann Christoph für seine unendliche Unterstützung bedanken. Merlin, unserem Hund, möchte ich dafür danken, dass er immer brav in seinem Körbchen neben dem Schreibtisch schlief, während ich am Manuskript für dieses Buch schrieb.

Meiner Hamsterbande Caro, Lisa, Freddy, Henry, Emma und Lucky danke ich sehr für die Einblicke in ihr Leben und dafür, dass es sie gibt.

Im Gedenken an meine Hamster, die über die Regenbogenbrücke gehen mussten: Ich werde euch nie vergessen. Ohne euch würde es dieses Buch nicht geben. Ich danke euch von ganzem Herzen.

Meinen Lektoren Thomas Schmidt und Kriton Kunz danke ich für die tolle Zusammenarbeit und die große Geduld.

Ferner danke ich Frau Katharina Engling, Frau Heike Schlunke, Herrn Georg Leithold, dem Kurator-Institut, besonders Herrn Pollety, sowie den Firmen Bunny, Rodipet, Hugro, Trixie, Gimborn, beaphar, JR Farm, Pro Pet, Hagen, Vitakraft, Nici, Avanquest Software und Deutscher Tierschutzbund, die Informationen und Warenmuster für Recherchen zu diesem Buch zur Verfügung stellten.

Katja Hindrichs, Jahrgang 1965,
ist selbstständig, entwirft und näht Hundemode. Eine Ausbildung per Fernstudium zur Verhaltens- und Bachblütentherapeutin für Tiere hat sie erfolgreich abgeschlossen. Seit vielen Jahren hält sie Hamster und hat tiefe Einblicke in deren Verhaltensweisen gewonnen.

Literatur

BECK, A. (2007): Hamster halten & pflegen, verstehen & beschäftigen. – Franckh-Kosmos.

EWRINGMANN, A. & B. GLÖCKNER (2008): Leitsymptome bei Hamster, Ratte, Maus und Rennmaus. – Enke

FRITZSCHE, P. (2006): Mein Hamster. – GU-Verlag.

HONIGS, S. (2010): Zwerghamster. Biologie, Haltung, Zucht. 3. Auflage. – Natur und Tier - Verlag

KÜBLER, H. (2006): Bach-Blüten-Therapie in der Tiermedizin. – Sonntag-Verlag.

LOGSDAIL, C., H. LOGSDAIL & K. HOVERS (2002): Hamster Lopaedia, A Complete Guide to Hamster Care. –Ringpress Books.

MÜLLER, I. (2009): Clickertraining für Kaninchen, Meerschweinchen & Co. – Ulmer-Verlag.

SCHMIDT-RÖGER, H. (2004): Hamster. – Ulmer Verlag.

SIELMANN, H. (2005): Hamster erleben, verstehen, beschäftigen. – Franckh-Kosmos.

TROLL, C. (2008): Mein Hamster. – Franckh-Kosmos.

VERHOEF-VERHALLEN, E. & S. MENZEL (2007): Illustrierte Kaninchen- und Nagetiere-Enzyklopädie. – Dörfler-Verlag.

WEISS, J., K. BECKER E. DIETRICH & K. NEBENDAHL (2009): Tierpflege in Forschung und Klinik. – Enke-Verlag.

www.wikipedia.de

Materialien zum Kurator Studienlehrgang (2008)